DAS SCHWEDISCHE KOCHBUCH

Besuchen Sie uns im Internet: www.komet-verlag.de

Sonderausgabe für Marc O'Polo
Alle Rechte der Reproduktion Bearbeitung, Übersetzung oder anderweitige
Verwendungen, auch auszugsweise, weltweit vorbehalten. Dies gilt auch für die
Mikroverfilmung und für die Verarbeitung mit elektronischen Systemen.
© 2007 Komet Verlag GmbH, Köln
Idee/Konzept/Design/Inhalt: agilmedien, Köln
Covergestaltung: INKCORPORATED GmbH, München
Satz: Peter Mebus für agilmedien, Köln; GEM Gesellschaft für elektronische Medien mbH, Ratingen
Foodfotos: Paul LeClaire, Köln
Fotos: Christoph Müller/Florian Langel/Photodisc Inc., picture Alliance,
picture Alliance/Bildagentur Huber, picture Alliance/Chad Ehlers, picture Alliance/chromorange,
picture Alliance/dpa, picture Alliance/dpa/dpaweb, picture Alliance/OKAPIA KG, picture Alliance/scanpix
Texte: Agnetha Frederikkson/Petra Knorr/Alexander Tänndalen
Gesamtherstellung: Komet Verlag GmbH, Köln
ISBN 978-3-89836-728-8

DAS SCHWEDISCHE
KOCHBUCH

Viel Freude beim Kochen
wünscht Ihnen Marc O'Polo.

INHALT

Suppen

Fleisch und Wurst

Fisch und Schalentiere

VORWORT

Schweden ist von uns aus betrachtet nicht so sehr weit weg. Man kann es mit Auto und Fähre schnell erreichen. Viele fahren jedes Jahr in den Ferien dorthin und erholen sich großartig. Aber warum wissen wir dann immer noch so wenig über die schwedische Küche? Sind schwedische Rezepte etwa nicht exotisch genug, um unsere natürliche Neugier zu wecken?
Falsch!! Viele von uns essen aus beruflichen Gründen oft in größeren Hotels oder Gastronomiebetrieben. Dort wird jeden Mittag das so genannte kalt-warme Büffet angeboten, was schwedischen Ursprungs ist und Smörgåsbord, Butterbrot-Tisch, heißt. Alle haben schon davon gegessen und immer wieder gerne den Teller nachgefüllt.

Smörgåsbord ist das Erfolgsrezept wie man eine große Schar hungriger Menschen ohne großen Service-Aufwand mit den leckersten Gerichten sättigen kann. Überall in Schweden wird das köstliche Smörgåsbord aufgetischt.
Früher bestanden diese Büfetts nur aus Brot, Butter, marinierten Heringen, Schinken, Käse und natürlich Schnaps. Heute sind sie entsprechend reichhaltiger und man bietet eine große Auswahl an Leckereien an, die einen Spezialitätenquerschnitt durch ganz Schweden repräsentieren.
Natürlich sollte man sich bei einer solchen Fülle an Köstlichkeiten nicht dazu verleiten lassen, gleich von allem probieren zu wollen. Das würde eine Geschmacksnervbetäubung auslösen und man könnte nichts mehr voneinander unterscheiden. Es stellt eine Aromenvielfalt dar, die man in Ruhe nach und nach genießen sollte. Denn dieses Büfet beinhaltet ein ganzes Menü, das man selber in eine Vorspeise, einen Fisch- und Fleischgang, in kleine warme Speisen und ein üppiges Dessert einteilen muss. Also ein kulinarischer Fünfakter, der mit dem Umherschweifen der Augen beginnt.
Auftakt des Büffets ist der so genannte Sill, meist mehrere marinierte Köstlichkeiten vom Hering, die als erstes auf den Teller wandern. Bereits hier ist die Auswahl riesengroß. Süß-sauer, mit Zwiebelchen, in Gelee, gebraten, geräuchert, mit Pfefferkörnern, gekocht oder gratiniert. Mit einigen kleinen Mandelkartoffeln und etwas Dillrahm hat der Feinschmecker seine Vorspeise kreiert. Dazu trinkt man ein Glas Öl, Schwedische Bier, das in drei Stärken angeboten wird. Lättöl, ein Schwachbier mit 1,8 Vol., Folköl mit 2,8 Vol. und ein Starköl das mit 4,2 Vol. genauso stark ist wie unser Bier oder ein Glas Skal, ein klarer Schnaps, der die Fischaromen unterstreicht.
Der zweite Gang sollte aus den verschiedenen Meeresfrüchten bestehen. Da wären der Lachs in zahlreichen Varianten, geräuchert, mariniert, als Mousse oder Tatar. Weiter geht es mit Aal, Krabben, Muscheln, Hummer, Krebsen und zu allem passt die süße Senfsoße.
Hat man sich an diesen feinen Dingen gütlich getan, folgt der dritte Gang. Dieses Mal wendet sich der Schlemmer dem Schinken, Rentierbraten, Leberpasteten, Sülzen, Schneehühnchen und dem geräucherten Rippenspeer zu. Abgerundet werden diese Fleisch- und Geflügelspeisen von den schmackhaftesten Soßen.
Nun wird es langsam Eng zwischen Bauch und Gürtel, doch die kleinen warmen Gerichte folgen noch. Da wären die beliebten Köttbullar, kleine gebratene Fleischklößchen, Janssons Frestelese (Janssons Versuchung), eine Platte mit klein geschnittenen Kartoffeln, Zwiebeln und Anchovis, die mit Sahne übergossen im Backofen gebacken werden. Oder Biff à la Lindström, ein Hackbeefsteak, das mit geraspelter Roter Bete und Kapern zubereitet wird. Nicht zu vergessen ist auch ein würziges Nierenragout, das man mit einem sahnigen Kartoffelpürree reicht.

Anschließend wird es Zeit für einen Aquavit, will man sich die letzte Runde um den Smörgåsbord nicht versagen. Denn ein Fruchtsalat, eine Cremeschnitte oder das berühmte Napoleon Bakelse (Napoleon–Gebäck) muss unbedingt noch gekostet werden.
Nach all diesen Köstlichkeiten lehnt man sich zurück und lässt das Genossene noch einmal gedanklich Revue passieren.

Nun haben Sie die Möglichkeit alle oben beschriebenen Speisen selber zuzubereiten. Es wird Ihnen sicherlich großen Spaß machen. Und vor allen Dingen wird es Ihnen wunderbar schmecken.

OHNE HERING GEHT NICHTS!

In Schweden, dem größten skandinavischen Land, liebt man eine herzhafte, ehrliche Küche. Das schon ausgiebig beschriebene Smörgåsbord ist der Beweis dafür.

Die wasser- und waldreiche Natur hält soviel bereit, dass es eine wahre Wonne ist, mit den herrlich frischen Meeres- und Süßwasserfischen die schönsten Gerichte zu kochen.

Die Hausmannskost oder Husmanskost wie die Schweden sagen, erinnert uns an eine Zeit, in der die Küche der soziale Treffpunkt überhaupt war. Während aus dem großen Bräter verlockende Düfte aufsteigen, in kleinen Tiegeln sämige Soßen schmurgeln und im Backofen ein saftiger Rührkuchen sein süß-würziges Aroma verströmt, möchte man daneben sitzen und von allem kosten. Und unterdessen plaudert man mit den Menschen, die einem lieb und wert sind. Das ist doch ein schöner Gedanke.

Leider waren die Realitäten damals andere. Das Nahrungsangebot war nicht so üppig und abwechslungsreich wie heute. Vielmehr mussten die Leute ihren Speiseplan durch geschicktes Tauschen ergänzen.

Die Kost war einfach und schlicht. Meist kamen Kohl- oder Mehlsuppen im Wechsel mit Brei, Kartoffelklößen und Dörrfleisch auf den Tisch. Gesüßt wurde mit wildem Honig. Der tägliche Bedarf an Lebensmitteln wurde hauptsächlich durch das gedeckt, was der Hof und die eigene Produktion hergaben. Die Menschen betrieben eine intensive Vorratshaltung, denn man hatte kaum Geld zur Verfügung und Lebensmittelgeschäfte, für uns heute selbstverständlich, existierten noch nicht. Das was uns heute zur Bereitung des täglichen Essens zur Verfügung steht, davon konnten die Großmütter und Mütter der damaligen Generation bloß träumen. Hering und Strömling (Ostseehering) gab es reichlich. Auch mit Lachs und Dorsch war man reich gesegnet. Aber Fleisch war in der damaligen Zeit ein Luxusgut, denn die Viehwirtschaft die betrieben wurde, war einzig auf Milcherzeugnisse ausgerichtet. Das wenige Fleisch, das verzehrt wurde, war Wildbret: Elch oder Kleinwild wie Hase, Kaninchen und Waldvögel, etwa Schneehühner und Schnepfen.

DIE ELCHJAGD NACH FELDHERRENART

Die Elchjagd gestaltete sich überaus schwierig. Dieses riesengroße, schwere Tier war nicht einfach zu jagen. Es hat zwar einen plumpen Körper und schlaksige Beine, doch verfügt der Elch über ein sehr feines Gehör und erreicht trotz seines Gewichts eine erstaunliche Geschwindigkeit. War die Jagt erfolgreich, musste der Elch im Wald aufgebrochen werden. Die Jagdgesellschaft zerteilte das Tier vor Ort und transportierte die Stücke mühevoll aus dem Wald ab.

Bei heutigen Elchjagden wird immer noch die Geschichte des großen Feldherren Julius Caesar zum Besten gegeben. In dem Kriegsbericht „De bello Gallico" schrieb er nieder, was seine Gewährsleute ihm über den Elch zugetragen hatten. Und dies im schönsten Jägerlatein. Er gab den Riesenhirschen der nordischen Wälder Ähnlichkeit mit Ziegen, die ein buntes Fell besaßen. Auch sollten sie Beine ohne Gelenke haben. Daher, so Caesar, könnten sich die Elche nicht wieder erheben, wenn sie einmal zu Fall gekommen seien. Zum Ausruhen benützten sie Bäume, an die sie sich nachts zum Schlafen anlehnten, was den Jägern die Hatz auf den Hirschen sehr erleichterte: „Wenn die Jäger aus der Fährte ersehen, wohin sich die Elche zur Ruhe zurückziehen, so gehen sie hin, untergraben die Wurzeln der Bäume und schneiden sie an, so dass die Bäume nur noch scheinbar feststehen. Wenn sich die Tiere dann wie gewohnt zum Schlafen an die Bäume anlehnen, bringen sie die Bäume mit ihrem kolossalen Gewicht zu Fall und stürzen mit ihnen zu Boden." Dieser Einschätzung zur Folge bräuchten die Jäger sie am nächsten Tag nur noch einzusammeln.

Kein Wunder, dass dieser Bericht noch heute unter Jägern für Heiterkeit sorgt.

Heute verursachen die Elche in Schweden großen Schaden. Majestätisch aber kurzsichtig schreitet der König der Wälder und Sümpfe über die Schnellstraßen und verursacht dadurch schwere Verkehrsunfälle. Seine Lieblingsbeschäftigung ist das Abfressen von jungen Trieben, Zweigen und Blätter junger Bäume. Er macht ganze Stadtrandsiedlungen unsicher. Deshalb ist jedem Schweden klar, der Elch ist nur in der Tiefkühltruhe ungefährlich. Daher werden immer mehr Tiere zum Abschuss freigegeben und die Schweden machen im September auch reichlich Gebrauch davon.

Die Schweden, die sich in den Städten angesiedelt hatten, bezogen ihre Lebensmittel beim ortsansässigen Krämer, Metzger und Bäcker. Gleichzeitig legten sie auch große Vorratslager in Keller und Speicher an. Die traditionellen Gerichte der Hausmannskost basierten auf Gesalzenem und Gedörrtem. Ein gepökelter Schinken wird dem frischen nur gekochten Schinken vorgezogen. Auch heute noch lieben die Schweden in ihren Eintöpfen wie Erbsensuppe oder deftige Kohlspeisen, die meistens am Donnerstag gekocht werden, als schmackhafte Einlage ein Eisbein, das wenigstens 24 Stunden in der Pökellake gelegen hat, und den Speisen beim Mitkochen ein kräftiges Aroma gibt. Dazu trinken sie wahlweise ein kühles Bier oder eisgekühlten Punsch.

Einsalzen und Dörren waren die ersten Konservierungsmethoden. Eine Haushaltsfibel aus dem Jahre 1755 gibt Auskunft über die Haltbarmachung der unterschiedlichen Lebensmittel. So wurden beispielsweise Elch-, Hammel-, Ren-, Rind- und Schweinefleisch, Aal, Dorsch, Hering, Lachs und Strömling in Salzlake eingelegt und somit für lange Zeit genießbar gemacht. Zum Dörren eigneten sich Flunder, Hecht, Lengfisch, Stockfisch und Wittling. Pilze wurden in Scheiben auf dünne Schnüre aufgezogen und unter dem Dachgiebel getrocknet. Äpfel und anderes Obst wurde in Scheiben geschnitten und auf Darren, das sind mit Leinentüchern bespannte Holzlatten, gelagert. Darauf trockneten die Früchte und wurden danach in kleinen Leinensäckchen aufgehoben. Man trocknete Erbsen, Bohnen, Fladenbrot und natürlich Knäckebrot.

SURSTRÖMMING UND DER DREISSIGJÄHRIGE KRIEG

Ein Ereignis, das sich zu Zeiten des Dreißigjährigen Krieges zugetragen haben soll und von dem behauptet wird, dass es zum Sieg der Schweden führte, wird folgendermaßen berichtet: Die Ostseeheringe lagen schon fertig eingeschichtet in den Fässern und man wartete auf eine Salzlieferung, um die Fische mit dem Salz haltbar zu machen. Leider fiel die Lieferung aus und die Fässer, die die ganze Zeit über in der Sonne gestanden hatten, wurden mit wenig Salz bedeckt und verschlossen. Es setzte ein Gärungsprozess ein, der die Fische zwar haltbar machte, aber gleichzeitig für einen umwerfenden Gestank sorgte. Die Fässer wurden an die Front geliefert und die Soldaten, ausgehungert und außer sich vor Freude, aßen die ganzen Fässer leer. So gestärkt sollen sie den feindlichen Truppen ihren Atem ins Gesicht geblasen haben, woraufhin diese schnellstens das Weite suchten. Es war wahrscheinlich der erste Einsatz von biologischem Kampfgas!

Am Surströmming zerbrechen Freundschaften. Für die einen ist es die größte Delikatesse, die anderen behaupten der Teufel habe seine Finger im Spiel bei der Gärung. Trotzdem scheuen sich die unerschrockenen Freunde des Surströmming nicht jedes Jahr Ende August, ihre Mutprobe zu erneuern.

Das Öffnen der Dose erfordert großes Geschick und eine rituelle Vorgehensweise. Die Fischdose darf auf keinen Fall in der Küche oder am Esstisch geöffnet werden. Es muss in der freien Natur geschehen, das Gesicht muss dem Deckel abgewandt sein. Dabei entweicht ein übel riechendes Gas, und eine Salzlakenfontäne spritzt heraus. Mit fein gehackten roten Zwiebeln, kleinen in der Schale gekochten Kartoffeln und etlichen Gläsern Aquavit wird diese Fischspezialität traditionell genossen.

Salz war zu damaligen Zeiten Mangelware. Durch die Entdeckung des Surströmming ersannen die Fischer an der Küste Norrlands eine Methode, mit der die Fische nur einer geringen Menge des teuren Salzes bedurften, um haltbar zu werden. Sie stellten dazu allerdings den Fisch nicht mehr stundenlang in die Sonne, sondern arbeiteten in kühlen Räumen. Die Rezeptur wird noch heute gehütet wie ein Juwel und vom Familienoberhaupt an den ältesten Sohn zur gegebenen Zeit weitergegeben.

Sowohl in den Landhaushalten der Bauern als auch bei den besser gestellten Gutsbesitzern standen den Brei und Mehlsuppe auf dem täglichen Küchenplan. Der Brei wurde am Abend frisch gekocht und heiß serviert. Die Reste wurden am nächsten Morgen in einer Pfanne mit Butter gebraten und mit einem Obstsirup verfeinert. So liebten ihn die Kinder, war er doch jetzt ein richtiges Naschwerk. Brei wurde aus Gersten- oder Roggenmehl zubereitet. An Wochentagen kochte man ihn schlicht mit Wasser und wenig Milch. Aber am Sonntag oder an Feiertagen kam er mit

dickem Rahm und Früchten auf den Tisch. Aus unserer heutigen Sicht eine Unmöglichkeit, aber damals wurde er in einer großen Schüssel serviert, aus der alle aßen. Und wenn man sich etwas wirklich Feines gönnen wollte, drückte man in die Mitte des Breis eine Mulde und füllte diese mit guter Butter. Davon nahm sich jeder seinen Teil. Doch es wurde streng darauf geachtet, dass sich keiner mehr nahm als ihm zustand. Man disziplinierte sich selbst und andere. Maßlose Völlerei galt als unschicklich und war kein gutes Vorbild für die Kinder.

Aus Brei wurde auch ein Brot gebacken, das so genannte Tünnbröd, ein dünnes Fladenbrot. Der Brei wurde auf einem Stein platt gedrückt und kam dann in die Feuerstelle. Das Wasser im Brei verdampfte und übrig blieb ein flacher dünner Fladen. Wahrscheinlich ist aus diesem Fladen das heutige Knäckebrot hervorgegangen. Auf jeden Fall war diese Brotsorte sehr haltbar. Ein altes schwedisches Sprichwort besagt: „Das zur Taufe gebackene Brot hält sich bis zur Hochzeit des Kindes".

Die heutigen Gelehrten sind sich immer noch nicht einig, was zuerst da war: das Bier oder das Brot. Denn die ersten Getreidesorten eigneten sich besser fürs Bierbrauen als zum Brotbacken. Und wie in vielen anderen Ländern gab es zum Frühstück die Biersuppe, eine nahrhafte, gehaltvolle Suppe mit wenig Alkoholgehalt.

Viele Speisen, die heute als typisch schwedisch gelten, haben ihren Ursprung in anderen Ländern. König Gustav Wasa holte sich aus Belgien und Deutschland kräftige Männer, die als Gastarbeiter in seinen Erzbergwerken unter Tage arbeiteten. Das abgebaute Erz wurden in Körben, die an Lederriemen hingen, von mehreren Ochsengespannen ans Tageslicht befördert. Wenn die Ochsen als Zugtiere nicht mehr zu gebrauchen waren, wurden sie geschlachtet und von den Arbeitern zu Braten und Würsten verarbeitet. Somit gelangten fremde Rezepturen in die schwedische Küche. Eine Wurst, die Falukorv, basiert auf der Thüringer Bratwurst. Sie ist heute noch sehr beliebt in Schweden.

FESTE FEIERN

Die Schweden, eigentlich ein zurückhaltendes Volk, verstehen sich darauf, die kurzen Sommermonate zu feiern. Vom Surströmming haben Sie ja schon gelesen. Ein weiterer Höhepunkt des Sommers ist das am zweiten Wochenende im August stattfindende Krebsessen. In der schon spätsommerlichen Atmosphäre wird die Krebsfangsaison eröffnet. Leider gibt es in den schwedischen Gewässern nicht mehr viele Krebse. Krankheiten haben sie sehr stark dezimiert und somit sind sie zu einer kulinarischen Rarität geworden. Der Fang der schwedischen Krebse ist sehr streng reglementiert, was natürlich die Preise in die Höhe treibt. Man importiert die Tiere inzwischen aus dem

Ausland. In dem typischen Dillsud eingekocht, werden die Krebse in fröhlicher Runde verzehrt. Da die kleinen Portionen nicht satt machen, isst man dazu noch reichlich Käsebrote. Und ein richtiger Schwede hält sich an den Spruch, „ein Krebs, ein Schnaps".

Beim Luciafest, das am 13. Dezember begangen wird, bekommt man ein ganz bestimmtes Safranhefegebäck serviert, das Luciakatten. Luftig gebacken wird es zum Kaffee genossen.

Weihnachten wird ebenso begangen wie bei uns. Man tauscht Geschenke aus und labt sich am traditionellen Julskinka, einem gepökelten Schweineschinken, der mit süßem Senf bestrichen gegrillt wird. Anschließend gibt es Sahnemilchreis in dem eine Mandel versteckt ist. Wer sie findet und im richtigen Alter ist, dem sagt man eine baldige Hochzeit voraus.

Dazu trinkt man Glögg – eine herrlich duftende Mischung aus Schnaps, Rotwein mit Rosinen, Mandeln, Feigen und Zitronenschalen. Gewürzt

wird er mit Zimt, Kardamom, Gewürznelken, Ingwer und Zucker. Dampfend heiß, in schönen Teegläsern serviert, wärmt er Körper und Seele.

Das christliche Osterfest wirft für die Schweden ein Problem auf, denn es gibt zur Zeit des Festes keine Osterlämmer. Die Schafe lammen erst lange nach Ostern. Damit trotzdem Lammfleisch auf den Tisch kommt, hat man sich darauf geeinigt, dass alle Schafe, die noch nicht gelammt haben und jünger als ein Jahr sind, noch als Lamm gelten. Um die Osterzeit tauchen auch die ersten Lachse in den Flüssen auf, um abzulaichen und der Frühjahrshering schwimmt in großen Schwärmen durch das Meer. Folglich finden wir auch sie auf der Ostertafel wieder.

Mit Pfingsten geht der Frühling zu Ende und der kurze schwedische Sommer beginnt. Nach alter Tradition werden die jungen Brennnesseln gepflückt, um daraus die feine Brennnesselsuppe zu kochen. Sie wird mit Sahne verfeinert und ist wirklich köstlich.

Der lang ersehnte Mittsommer bringt die ersten frischen Erdbeeren mit luftig geschlagener Sahne auf den Tisch. Es gibt außerdem die kleinen beliebten Frühkartoffeln, die Mandelpotatis, die frisch aus der Erde und in der Schale gekocht traditionell in der Mittsommerzeit mit Hering genossen werden.

Sehr beliebt ist auch das sahnige Kartoffelpüree, das mit kleinen süßen Zuckermöhrchen angeboten wird.

Jetzt kommt auch das Weidevieh auf die saftigen Wiesen. Die erste Milch schmeckt so nach Kräutern und Gräsern, dass die Butter, die daraus hergestellt wird, ein unglaubliches Aroma hat.

Allzu viele Käsesorten hat Schweden nicht zu bieten. Es gibt den pikanten Västerbotten, der dünn aufgeschnitten und zu frischem Roggenrot sehr wohlschmeckend ist. Getost ist ein Ziegenkäse, der einen ungewöhnlich süßen Geschmack hat.

Mit dem Herbsteinbruch sind die Gänse gut gemästet und werden zum Martinsfest geschlachtet. Die Zubereitung ist einfach aber köstlich. Mit Äpfeln und Backpflaumen gefüllt, kommt die Gans auf den Tisch. Als Beilage gibt es herzhaften Rotkohl oder Rosenkohl und gebackene Kartoffeln. Vorab wird eine schwarze Suppe, die Svartsoppa gegessen. Sie besteht aus gekochtem Gänseblut und erinnert an die auch bei uns bekannte Schwarzsauer. Als Dessert wird häufig Apfelkuchen mit Vanillecreme serviert.

Nach einem schwedischen Mahl ist man rundum satt und zufrieden. Mit einem Glas Glögg wird der Schmaus gewöhnlich beendet.

Norwegen

Dänemark

BELEGTE BROTE

BUTTERBROTKULTUR

In Schweden gibt es eine ausgeprägte Butterbrotkultur. In keinem anderen Land werden Brote so liebevoll und fast schon andächtig belegt wie dort. Auf früheren Empfängen wurde ein Menü mit kleinen Butterbroten eröffnet. Es gab Brotscheibchen mit Butter, Käse und natürlich Hering. Hübsch verziert mit Dill und frischer selbst gemachter Mayonnaise, waren sie kleine Kunstwerke. Heute werden die belegten Brote so zubereitet, als seien sie eine Hauptmahlzeit. Sie sind üppig, abwechslungsreich und für Gaumen und Augen eine wahre Freude.

BROT MIT GERÄUCHERTEM FISCH

ETWA 10 STÜCK

1 Scheibe der Länge nach geschnittenes Weißbrot
2 Eier
Salz nach Geschmack
1 El Butter oder Margarine
150 – 200 g geräucherten Aal, Lachs, Makrele
oder Bückling
Fein geschnittener Dill

Zuerst die Rinde vom Brot abschneiden. Eier leicht schlagen und salzen.

Fett in einer Pfanne erhitzen, dann die Eimasse in eine Pfanne geben und unter Rühren stocken lassen. Rührei abkühlen lassen und anschließend auf dem Brot verteilen.

Das Brot in rechteckige Portionsstücke schneiden. Fisch enthäuten und entgräten, in Stücke zerteilen und auf das Rührei legen.

Zum Schluss die Brote mit fein geschnittenen Dill garnieren.

GRUNDREZEPT TÜNNBRÖD

Die zerbröckelte Hefe in eine Teigschüssel füllen. Die Butter schmelzen und die Milch zufügen. Etwas von der Mischung zur Hefe geben und sie damit auflösen. Nun alle anderen Zutaten zufügen und zu einem glatten Teig verrühren. Mit einem Tuch bedeckt muss der Teig an einem warmen Ort 50 Minuten ruhen. Anschließend auf eine bemehlte Arbeitsfläche geben. Den Teig in 14 Stücke teilen und jedes Stück zu einem runden Brötchen formen. Mit der Hand flach drücken und mit dem Nudelholz zu etwa ¹/₂ cm dicken Fladen ausrollen. Überschüssiges Mehl von den Fladen abklopfen.

Eine Bratpfanne ohne Fett erhitzen und die Fladen darin von jeder Seite bei mittlerer Hitze etwa 2 Minuten backen. Mit einem Tuch abgedeckt zum Abkühlen auf ein Kuchengitter legen.

TÜNNBRÖDROLLEN MIT ZWEI FÜLLUNGEN

Große Tunnbrödscheiben halbieren und das Brot dünn mit Butter bestreichen. Entscheiden Sie sich, ob Sie die Fladen mit Fisch- oder Fleischfüllung zubereiten möchten.

Für die Bücklingsfüllung:
Bückling sorgfältig entgräten und die Filets zerkleinern. Eier grob hacken. Bückling, saure Sahne und Eier mit der Petersilie gut vermischen.

Für die Schinkenfüllung:
Den Schinken in feine Streifen schneiden und mit Frischkäse und geriebenem Apfel mischen. Die Mischung auf jeweils einer Hälfte der Tunnbrödfladen verteilen. Die anderen Hälften mit Käse bestreichen und mit Paprika belegen. Anschließend die Tunnbrödscheiben zusammenrollen und in Alufolie wickeln. Eine Papierserviette darumschlagen.

Eine weitere Variante des Tünnbröds finden Sie auf Seite 155.

BROT MIT RÄUCHERFLEISCH UND SAHNEMEERRETTICH

FÜR 4 PERSONEN

1 Scheibe der Länge nach geschnittenes
Weiß- oder Schwarzbrot
1 El Butter oder Margarine
80-100 g Räucherfleisch (Rentier- oder Bündner
Fleisch in Scheiben)
10 kleine Salatblätter
100-150 ml Sahne
2 El geriebener Meerrettich
Salz

Das Brot mit Butter oder Margarine bestreichen, Rinde abschneiden und mit dem Räucherfleisch belegen.
Das Brot in Dreiecke oder Rechtecke schneiden und jedes Teil mit einem Salatblatt belegen.
Sahne schlagen und mit Meerrettich und Salz abschmecken. Einen Klecks des Sahne-Meerrettichs auf jedes Salatblatt geben.

BROT MIT KÄSE UND BIRNEN

FÜR 10 STÜCK

5 Scheiben Weißbrot
1 El Butter oder Margarine
10 kleine Salatblätter
100-150 g Edelpilzkäse
2 gut gereifte Birnen
1 halbe Zitrone
1 rote Paprika, in Streifen geschnitten

Die Brote mit Butter oder Margarine bestreichen und die Rinde abschneiden. Danach die Scheiben diagonal in Dreiecke teilen und mit Salatblättern belegen.
Den Edelpilzkäse mit einer Gabel zerdrücken.
Birnen längs in 1,5 cm dicke Scheiben schneiden und auf jedes Brot einer Scheibe legen. Den Käse auf den Birnen verteilen und mit Paprikastreifen dekorieren.

SALATE

FRISCH UND GESUND

Mit Salat kommt immer etwas Frisches, Gesundes auf den Teller. Die Salatbüffets in den Restaurants zeigen, dass die Gastronomie umgedacht hat. Lieblos zerrupfte Salatblätter, mit einer Fertigsoße serviert, gehören glücklicherweise der Vergangenheit an. Die in diesem Kapitel vorgestellten Salate haben internationalen Charakter. Sie nur für Schweden zu beanspruchen wäre falsch. Sämtliche Zutaten sind inzwischen überall zu bekommen, und durch die Reiselust der Menschen werden die Salatrezepte aus allen Ländern mitgebracht. Die Dressings sind leicht nachzumachen und lassen sich gut vorbereiten.

KRABBENSALAT

FÜR 4 PERSONEN

250 g geschälte Krabben
1 Dose (ca. 200 g) Spargel in Stücken
125 g Erbsen (TK)
50 g Champignons
¹/₄ (ca. 100 g) Eisbergsalat
Für das Dressing:
4-5 El Mayonnaise
100 ml Schlagsahne
2 El Chilisoße
2 El Ketchup
1 El Sherry
Salz
Pfeffer

Krabben unter kaltem Wasser abspülen. Spargel abtropfen und Erbsen auftauen lassen. Champignons putzen und in Scheiben schneiden. Alles miteinander mischen.

Dann den Salat waschen, schneiden und mit den übrigen Zutaten vermischen.

Für das Dressing die Mayonnaise mit der Schlagsahne und dem Ketchup verrühren. Chilisoße, Ketchup und Sherry hinzufügen. Mit Salz und Pfeffer abschmecken. Das Salatdressing über den Salat geben oder separat servieren.

Der Salat wird mit kleinen Brötchen oder gebuttertem Toastbrot als Vorspeise serviert.

LACHSSALAT

FÜR 4 PERSONEN

Für das Dressing:
2 El Essig
Salz
Weißer Pfeffer
3 El Öl
1 zerdrückte Knoblauchzehe
200 ml saure Sahne
4 El Chilliesauce
2 El frischer Zitronensaft

10 gekochte Kartoffeln, fest kochend
3-4 Staudensellerie
6-8 Radieschen

1 El gehackter Schnittlauch
Salatblätter
400 g gekochter oder geräucherter Lachs, gewürfelt

Alle Zutaten für die Salatsoße gut vermischen. Kartoffeln in Scheiben schneiden, Sellerie in Streifen und Radieschen in Scheiben schneiden. Eine Schüssel mit Salatblättern auslegen.
Kartoffeln, Sellerie und Radieschen mit dem Schnittlauch sowie dem entgräteten und zerkleinerten Lachs mischen und in die Schüssel geben.
Die Soße separat dazu reichen.

TOMATENSALAT MIT ZWIEBELN

FÜR 4 PERSONEN

6 Tomaten
1 Zwiebel
1 El fein gehackte Petersilie
1 El gehackter Schnittlauch
Für das Dressing:
1 El Essig oder 1 ¹/₂ El Zitronensaft
Salz
Weißer Pfeffer aus der Mühle
3 El Öl
1 zerdrückte Knoblauchzehe

Tomaten waschen und mit einem scharfen Messer in feine Scheiben schneiden. Die Tomatenscheiben in eine Schüssel geben. Zwiebeln schälen, fein hacken und mit den Tomaten mischen.
Essig, Salz und Pfeffer miteinander verrühren bis sich das Salz aufgelöst hat. Anschließend Öl unterrühren und eventuell, je nach Geschmack, mit Knoblauch abschmecken.
Das Dressing über die Tomaten geben und den Salat kalt gestellt eine Weile ziehen lassen.
Vor dem Servieren mit etwas Petersilie und Schnittlauchröllchen bestreuen.

REMOULADENSOSSE

FÜR 4 PERSONEN

1 gekochtes Ei
1 frisches Eigelb
1 El Senf
Salz
Weißer Pfeffer aus der Mühle
1 El Weißweinessig
150 ml Schlagsahne

Das Eigelb aus dem hart gekochten Ei herausnehmen und mit dem rohen Eigelb, Senf, Salz, Pfeffer und Weißweinessig zu einer glatten Masse verquirlen.

Schlagsahne leicht anschlagen, zu der Eigelbmasse geben, beides gut verrühren. Das Eiweiß fein würfeln und ebenfalls unter die Masse rühren. Die Soße passt sehr gut zu Salaten, aber auch Fischgerichte lassen sich mit diesem Dressing verfeinern.

WEISSKOHLSALAT MIT MOHRRÜBEN

FÜR 4 PERSONEN

500 g Weißkohl
2 Mohrrüben
2 El gehackte Walnüsse
1 kleine Stange Porree, in feine Ringe geschnitten
Für das Dressing:
1 El frisch gepresster Zitronensaft
½ Tl Salz
Pfeffer
2 El Öl
1 El Wasser
1 Prise Zucker

Den Weißkohl fein raspeln, Mohrrüben grob reiben und Porree in feine Ringe schneiden. Gemüse in einer Schüssel mit den Walnüssen vermischen.

Aus Zitronensaft, Salz, Pfeffer, Öl und Wasser ein Dressing herstellen. Das Dressing über den Salat geben und alles 2 Stunden im Kühlschrank ziehen lassen.

KÄSESALAT MIT RADIESCHEN

FÜR 4 PERSONEN

200 g milder Schnittkäse (z.B. Edamer oder Gouda)
1-2 Bund Radieschen
2-3 Staudensellerie
2 El Petersilie, gehackt
Für das Dressing:
2 El Weißweinessig
½ Tl Salz
Weißer Pfeffer aus der Mühle
2 El Öl
Toastbrot
Gekochter oder geräucherter Schinken

Den Käse würfeln, Radieschen in Scheiben und Sellerie in kleine Stücke schneiden. Zusammen mit der Petersilie in einer Salatschüssel miteinander vermischen.

Aus Essig, Salz, Pfeffer und Öl ein Dressing rühren. Kurz vor dem Servieren über den Salat gießen.

Den Salat mit Toastbrot oder mit gekochtem oder geräuchertem Schinken als Vorspeise servieren.

GEMISCHTER GRÜNER SALAT

FÜR 4 PERSONEN

1 Kopfsalat
¼ Eisbergsalat oder Chinakohl
2 Chicorée
3 El Petersilie, feingehackt
Für das Dressing:
2 El frisch gepresster Zitronensaft
Salz
Weißer Pfeffer aus der Mühle
3 El Öl
1 zerdrückte Knoblauchzehe

Salate unter kaltem Wasser abspülen und gut abtropfen lassen. Blätter zerpflücken und den Chinakohl in feine Streifen schneiden.

Für das Dressing Zitronensaft, Salz, Pfeffer, Öl und Knoblauch vermischen. Den Knoblauch eine Weile im Dressing ziehen lassen oder, um einen kräftigeren Geschmack zu erzielen, durch eine Knoblauchpresse quetschen.

Den Salat in eine große Schüssel geben. Das Dressing erst kurz vor dem Servieren darüber geben, sonst fällt der Salat zusammen.

ROTE-BETE-SALAT MIT DILLCREME

FÜR 4 PERSONEN

3 mittelroße Rote Bete
1 Tl Salz

Für die Dillcreme
3 El Dill, fein gehackt
2 Schnittlauchröllchen
200 g saure Sahne
Salz
Weißer Pfeffer aus der Mühle

Rote Bete in reichlich Salzwasser etwa 50 Minuten kochen. Unter kaltem Wasser abschrecken und schälen. Noch lauwarm mit dem Gurkenhobel in feine Scheiben schneiden und dachziegelartig auf einem großen Teller anordnen.

Dill, Schnittlauch und saure Sahne mit Salz und Pfeffer vermischen. Es darf ruhig herzhaft abgeschmeckt werden.

Die Dillcreme zur lauwarmen Roten Bete separat reichen.

SUPPEN

KEIN TAG OHNE SUPPE

Kein Tag ohne Suppe. Diese Maxime zählt heute nicht mehr. Es ist bedauerlich, dass die Suppe ihren Stellenwert verloren hat. Sie gilt als Dickmacher und steht nur noch selten auf dem Speiseplan. Dabei ist eine Erbsensuppe, wie sie bei uns fast jeden Donnerstag auf den Tisch kommt, etwas Wunderbares. Auch die Brennnesselsuppe, die mit den ersten zarten, grünen Blättchen zubereitet wird, ist sehr köstlich. Probieren Sie die Suppenrezepte aus und Sie werden sehen, dass es sich lohnt.

LACHS-SPINAT-SUPPE

FÜR 2 PERSONEN

450 g Rahm-Spinat
2-3 El Öl
1 mittelgroße Zwiebel, gewürfelt
700 ml Milch
1 Glas Seelachsschnitzel oder alternativ
1 Packung Räucherlachs (200 g)
Weißer Pfeffer aus der Mühle
Weißwein nach Geschmack

Zunächst den Spinat auftauen. (In der Mikrowelle geht es am schnellsten. Es dauert ca. 8 Minuten.)

Unterdessen das Öl erhitzen und die Zwiebel nach Geschmack glasig bis leicht bräunlich anschwitzen. Anschließend mit etwas Milch aufgießen.

Danach den Spinat hinzufügen und so lange Milch nachgießen, bis die Suppe leicht flüssig ist. Am Schluss den Seelachs, bzw. den etwas feineren, in Streifen geschnittenen Räucherlachs, hinzufügen. Das Ganze mit Pfeffer und ggf. Weißwein abschmecken und nochmals ca. 2 bis 3 Minuten köcheln lassen.

ROTE SUPPE

FÜR 4 PERSONEN

1 Dose Rotkohl, (400 g)
700-800 ml klare Brühe
200 g gekochte Rote Bete
5 Wiener Würstchen, in Scheiben geschnitten
Salz
Pfeffer
1 Prise Zucker
4 El saure Sahne
Gehackte Petersilie

Den Rotkohl zusammen mit der klaren Brühe in eine Kasserolle geben.

Die gekochte Rote Bete auf einer Küchenreibe grob reiben.

Würstchenscheiben, Rote Bete und etwas Rote-Bete-Saft in die Kasserolle geben und mit Salz, Pfeffer sowie einer Prise Zucker abschmecken.

Die auf Tellern angerichtete Suppe mit einem Klecks saurer Sahne und gehackter Petersilie garniert servieren.

THUNFISCHSUPPE

FÜR 4 PERSONEN

1 große Stange Porree
2 Zwiebeln
1 Möhre
2 Fleischtomaten
1/2 rote Paprika
1500 ml Fisch- oder Hühnerbrühe
Salz
Pfeffer
Safran
1 Dose Thunfisch, im eigenen Saft

Porree und Zwiebeln in feine Ringe schneiden, Möhre und Fleischtomate würfeln. Das Gemüse in einen Topf mit 1500 ml Fisch- oder Hühnerbrühe geben und so lange kochen, bis das Gemüse gar ist. Dann mit Salz, Pfeffer und etwas Safran abschmecken.

Thunfisch mit einer Gabel in große Stücke zerpflücken und in die Suppe geben. Bei geringer Wärmezufuhr etwa fünf Minuten erhitzen, aber nicht kochen.

Heiß servieren. Dazu reicht man geröstetes Brot.

KARTOFFELSUPPE MIT PORREE

FÜR 4 PERSONEN

2 Porreestangen, in feine Ringe geschnitten
1 Zwiebel, in feine Scheiben geschnitten
1 rote Paprikaschote, entkernt und in
Streifen geschnitten
2 El Olivenöl
1 Knoblauchzehe, fein gewürfelt oder gepresst
6 mittelgroße Kartoffeln, geschält und in dünne
Scheiben geschnitten
2 El Tomatenpüree
1500 ml Hühnerbrühe
Salz
Weißer Pfeffer aus der Mühle
Thymian
Majoran

Einige grüne Porree-Ringe beiseite legen und das Gemüse in einer Pfanne mit Öl anbraten. Anschließend die Knoblauchzehe hinzufügen.
Kartoffelscheiben zusammen mit dem gebratenen Gemüse und dem Tomatenpüree in einen Topf geben. Mit der Hühnerbrühe aufgießen und die Suppe 15-20 Minuten kochen lassen, bis die Kartoffelscheiben gar sind.
Die Suppe mit Salz, weißem Pfeffer, Thymian und Majoran abschmecken.
Vor dem Servieren mit dem restlichen Porree bestreuen.

ZWIEBELSUPPE

FÜR 4 PERSONEN

5-6 große Zwiebeln
2 El Fett
1500 ml Fleischbrühe
Salz
Pfeffer
Basilikum
Kerbel
Rosmarin

Die Zwiebeln schälen und in dünne Ringe schneiden. Anschließend in einem Topf im Fett andünsten lassen. Danach Fleischbrühe hinzufügen und die Suppe bei schwacher Hitze etwa 15 Minuten kochen lassen.
Vor dem Servieren mit Salz, Pfeffer, Basilikum, Kerbel und Rosmarin abschmecken.
Heiß servieren.

GELBE ERBSENSUPPE A LA NIELSSON

Gelbe Erbsensuppe war schon im Mittelalter eine der beliebtesten Suppen. Noch heute wird sie, der Tradition gehorchend, am Donnerstag gegessen.

Zum Einweichen:
400 g getrocknete gelbe Erbsen
2 l Wasser
1 El Salz

Für die Zubereitung
1 ¼ l Wasser
Jodsalz
1 Zwiebel
3 Nelken
1 Knoblauchzehe
1 gepökeltes Eisbein (beim Metzger vorbestellen)
1 Tl getrockneter Majoran
Schwarzer Pfeffer aus der Mühle

Die Erbsen über Nacht im stark gesalzenen Wasser einweichen. Das Einweichwasser wegschütten und die Erbsen mit frischem Salzwasser aufkochen.

Danach Schaum und lose Erbsenschalen mit einem Schaumlöffel abfischen. Die Zwiebel schälen, mit den Nelken spicken und zusammen mit der geschälten Knoblauchzehe, dem Eisbein, Majoran sowie schwarzem, frisch gemahlenen Pfeffer in die Suppe geben. Im geschlossenen Topf für eine gute Stunde kochen. Danach die Zwiebel und das Eisbein aus der Suppe heben. Nelken entfernen, Zwiebel klein schneiden und wieder in die Suppe geben.

Das Fleisch von Schwarte und Knochen lösen, würfeln und ebenfalls wieder in die Suppe füllen. Noch einmal mit Jodsalz, Majoran und schwarzem Pfeffer abschmecken und mit kräftigem Roggenbrot servieren.

CHAMPIGNON-CREMESUPPE
MIT SPINAT

FÜR 4 PERSONEN

1 Zwiebel, fein gehackt
1 El Butter
1 Knoblauchzehe, gepresst
300 g frische Champignons, geputzt und
in dünne Scheiben geschnitten
11/2 El Weizenmehl
750 ml Hühnerbrühe
375 g tiefgekühlter Blattspinat
200 ml Weißwein
200 ml süße Sahne
Salz
Pfeffer
Butter
Petersilie
Dill
Thymian

Zwiebel in einem Topf in Butter kurz anbraten. Knoblauchzehe und Champignons dazugeben und kurz anbräunen.

Weizenmehl über die Champignon-Zwiebelmischung geben und mit der Hühnerbrühe ablöschen.

Jetzt den tiefgekühlten Blattspinat hinzugeben und in der Suppe auftauen lassen. Wenn der Spinat aufgetaut ist, Weißwein und süße Sahne beifügen und verrühren.

Mit Salz, Pfeffer, Butter, Petersilie, Dill und Thymian abschmecken.

Heiß servieren und dazu Weißbrot reichen.

ROTE WEINTRAUBENSUPPE

FÜR 4 PERSONEN

500 g Weintrauben
750 ml Wasser
125 g Zucker
2 El Kartoffelmehl oder Stärke

Weintrauben abspülen und in dem Wasser ca. 15 Minuten kochen. Die Früchte anschließend auspressen und den Saft in das Wasser geben, in welchem die Trauben gekocht wurden.

Saft erneut aufkochen und Zucker unter geringer Wärmezufuhr einrühren.

Kartoffelmehl bzw. Stärke in etwas kaltem Wasser anrühren, vorsichtig zu der Suppe zugeben und untermischen.

Die Suppe warm servieren.

FLEISCHSUPPE MIT GEMÜSE

FÜR 4 PERSONEN

2 Zwiebeln
2 Möhren
4 Kartoffeln
1 Petersilienwurzel
1 Porreestange
1 kleines Schweinefilet, gewürfelt
2 El Butterfett
1500 ml klare Brühe
Salz
Pfeffer
Selleriesalz
Petersilie

Zwiebeln, Möhren, Kartoffeln, Petersilienwurzel und Porree in Scheiben schneiden.
Das Fleisch in 1 El Butterfett anbraten, bis es braun wird. Dann aus dem Fett nehmen und in einen Suppentopf geben. Mit klarer Brühe aufgießen sowie mit Salz und Pfeffer würzen.
Das Fleisch 20 Minuten bei geringer Wärmezufuhr köcheln lassen.
Das Gemüse iim restlichen Butterfett kurz andünsten und ebenfalls in den Topf geben.
Das ganze für weitere 20 Minuten kochen. Die Suppe erneut mit Salz, Pfeffer und nach Belieben mit Selleriesalz, sowohl Petersilie abschmecken.

KALTE SOMMERSUPPE

FÜR 4 PERSONEN

1 grüne Paprikaschote, entkernt und fein gewürfelt
100 g gekochten Reis oder weiße gekochte Bohnen
300 ml Tomatensaft
400 g geschälte Tomaten
300 ml Gemüsesaft- oder Brühe (alles gekühlt)
Salz
Pfeffer
Petersilie, gehackt

Paprikawürfel, gekochter Reis oder weiße Bohnen mit Tomatensaft und geschälten Tomaten in einen großen Topf geben.
Gemüsesaft bzw. die Brühe aufgießen und gut verrühren. Mit Salz und Pfeffer abschmecken, dann für 1 Stunde kalt stellen.
Vor dem Servieren acht Eiswürfel hinzugeben und mit gehackter Petersilie bestreuen.

FISCHSUPPE MIT PAPRIKAGESCHMACK

FUR 4 PERSONEN

1 kg Hecht
3 Zwiebeln, in Scheiben geschnitten
1250 ml Wasser
1 ½ Tl Salz
2 Tl Paprikapulver
1 rote Paprikaschote
1 grüne Paprikaschote
3 Tomaten, halbiert
1 El Tomatenmark
Salz
Schwarzer Pfeffer aus der Mühle

Hecht ausnehmen, reinigen, enthäuten, entgräten und die Flossen entfernen. Innerreien und Flossen beiseite stellen. Das Fleisch in Stücke schneiden.

Wasser aufkochen, ⅔ der Zwiebeln, Salz und Fischreste hinzugeben. Paprikapulver einstreuen und zugedeckt 20 Minuten lang kochen.
Die Paprikaschoten abspülen, entkernen und in dünne Streifen schneiden.
Danach die Fischbrühe durch ein Sieb in eine Kasserolle gießen. Anschließend Paprikastreifen, Tomatenhälften, restliche Zwiebeln und Tomatenmark hinzugeben.
Zuletzt die Fischstücke beifügen und alles 20 Minuten sieden lassen. Dabei nicht umrühren.

Nach dem Kochen mit Salz und gemahlenem Schwarzem Pfeffer abgeschmeckt servieren.

RADIFSCHENSUPPE

FUR 4 PERSONEN

50 g Sellerie
1 El Öl
4 Bund Radieschen, in Scheiben geschnitten
1 grüne Paprikaschote, gewürfelt
1000 ml heiße Hühnerbrühe
Salz
Pfeffer
Frische Kräuter

Sellerie schälen und auf einer groben Küchenraffel reiben.
In einem Topf 1 El Öl erhitzen, Sellerie, Radieschen und Paprikawürfeln hinzugeben.
Heiße Hühnerbrühe angießen, gut umrühren und bei schwacher Wärmezufuhr etwa 5 Minuten köcheln.
Mit Salz, gemahlenem schwarzem Pfeffer, frischen Kräutern abschmecken und heiß servieren.

SUPPE MIT REIS UND LEBERSTREIFEN

FÜR 4 PERSONEN

100 g Speckseite, gewürfelt
3 Zwiebeln, fein gehackt
1 Knoblauchzehe, fein gehackt
4 Tomaten
500 g Langkornreis
500 g Weißkohl
1000 ml heiße klare Brühe
Salz
Pfeffer
Cayennepfeffer
Thymian
125 g Hühnerleber
1 El Fett
Petersilie

Den gewürfelten Speck in einer Kasserolle ausbraten. Währenddessen Zwiebeln sowie Knoblauchzehe schälen und fein hacken. Tomaten heiß überbrühen, kalt abschrecken, enthäuten und in Stücke schneiden.

Jetzt Langkornreis, Zwiebeln, Knoblauch und Tomatenstücke zum Speck hinzufügen.

Weißkohl waschen, fein hobeln und unter ständigem Rühren in eine Kasserole geben. Anschließend die heiße klare Brühe angießen. Mit Salz, Pfeffer, Cayennepfeffer und Thymian abschmecken. Die Suppe 30 Minuten bedeckt kochen lassen.

Hühnerleber in dünne Streifen schneiden, mit Küchenpapier trockentupfen und in einer Pfanne mit Fett kurz anbraten.

Leberstreifen in die Suppe geben, 2 Minuten bei geringer Hitze erwärmen, aber nicht mehr kochen.

Zum Schluss mit gehackter Petersilie bestreuen und heiß servieren.

FISCHSUPPE

FÜR 4 PERSONEN

1 Zwiebel, feingehackt
1 El Öl
4 El Reis
1000 ml Fischbrühe
1 Dose geschälte Tomaten (400 g)
Salz
Pfeffer
300 g Schollenfilet
Zitronensaft
1 Dose Muscheln (ca. 120 g in Wasser)
¹/₂ Bund gehackte Petersilie

Zwiebel in einem Topf mit Öl leicht andünsten, den Reis hinzugeben und im Fett glasig werden lassen.

Fischbrühe und die geschälten Tomaten mit Saft hinzugeben und mit Salz und Pfeffer würzen.

Alles zusammen zugedeckt etwa 10 – 15 Minuten kochen lassen.

Das Schollenfilet waschen, trockentupfen, leicht salzen, mit Zitronensaft beträufeln und grob würfeln. Die Fischwürfel in die Suppe geben und 8 Minuten lang bei schwacher Hitze ziehen lassen.

Anschließend die Muscheln hinzugeben, umrühren und drei Minuten erhitzen.

FLEISCH UND WURST

DER WUNDERBARE DUFT

Wenn samstags der Duft von einem wunderbar würzigen Braten oder gefüllten Rouladen durch unser Haus zog, war allen klar, das Wochenende hat begonnen. Unsere Mutter bereitete das Fleisch immer schon vor, damit nach dem Kirchgang nur noch die Beilagen bereitet werden mussten und der Tag in seiner Harmonie nicht gestört wurde. Die hier vorgestellten Fleisch- und Wurstgerichte gehören zur klassischen Hausmannskost und sind es allemal Wert, nachgekocht zu werden.

HACKBRATEN MIT RAHMSOSSE

FÜR 4 PERSONEN

2 El Haferflocken
2 El Semmelbrösel
3 Eier
1 Tl Jodsalz
Schwarzer Pfeffer aus der Mühle
1 Tl Rosenpaprikapulver
2 El Petersilie, fein gehackt
750 g Rinderhackfleisch
200 ml Sahne

Die Haferflocken mit Semmelbröseln, Eiern, Jodsalz, Pfeffer, Rosenpaprika und Petersilie zu einer homogenen Masse verarbeiten. Nach und nach das Rinderhackfleisch unterarbeiten. Den fertigen Fleischteig mit Folie abgedeckt für 30 Minuten im Kühlschrank ruhen lassen. Eine feuerfeste Form mit wenig Butter ausreiben. Danach aus dem Fleischteig einen Laib formen und in die Form setzen. Auf der mittleren Schiene des Backofens bei 175 °C für etwa 1 Stunde backen. In dieser Zeit den Braten immer wieder mit dem ausgetretenen Bratfett begießen. Den fertigen Braten aus der Form heben und den Bratensatz in einen Topf füllen. Mit der Sahne aufkochen und abschmecken. Den Hackbraten mit einem scharfen Messer in Scheiben schneiden und mit der Soße servieren. Dazu passt Gurkensalat mit frischem Dill.

·WÜRZIGE FLEISCHWURST IN FOLIE

FÜR 4 PERSONEN

8 Kartoffeln, geschält und in dünne Scheiben
geschnitten
2 Porreestangen, in dünne Ringe geschnitten
Thymian
150 ml süße Sahne
Salz
Pfeffer
2 El Tomatenmark
400 g Fleischwurst, gepellt und
in Scheiben geschnitten
2 El gehackte Petersilie

Kartoffelscheiben mit kaltem Wasser abspülen und abtropfen lassen.

Kartoffeln und Porree auf eine doppelt gelegte und leicht gefettete Alufolie legen.

Mit Thymian, süßer Sahne, Salz, Pfeffer und Tomatenmark würzen.

Die Fleischwurst als Kranz um das Gemüse legen und die Folie ringsherum hochklappen.

Das Paket auf ein Backblech legen und 25 Minuten im 200 °C heißen Backofen garen, bis die Kartoffeln gar sind.

Das Gericht mit der Folie auf einen Servierteller geben, Folie herunterklappen und alles mit gehackter Petersilie überstreuen.

SCHWEINEBAUCH MIT ZWIEBELSOSSE

500 g Schweinebauch, gepökelt
Weißer Pfeffer aus der Mühle
1 El Butter
2 Gemüsezwiebeln, in feine
Ringe geschnitten
Salz
500 ml Milch
1 El Speisestärke

Den Schweinebauch in 4 gleichmäßige Scheiben schneiden. Herzhaft mit Pfeffer würzen.

Die Butter in einer Pfanne erhitzen und die Bauchscheiben darin von beiden Seiten goldbraun braten. Mit Alufolie abgedeckt in den auf 50 °C vorgeheizten Backofen stellen. Im Bratfett nun die Zwiebeln glasig werden lassen. Mit Salz und Pfeffer würzen und die Milch angießen. Alles aufkochen, in ein Rührgefäß füllen und mit dem Stabmixer pürieren.

Wenn die Soße zu dünn ist, die Speisestärke mit etwas Wasser anrühren und unter die kochende Soße ziehen.

Den Schweinebauch auf Tellern anrichten und mit der Zwiebelsoße begießen.

Dazu passt ein cremiges Kartoffelpüree.

MINIWÜRSTCHEN AUF BROT

FÜR 4 PERSONEN

4 Scheiben Weißbrot
Butter
Petersilie, gehackt
12 Miniwürstchen
75 ml süße Sahne
2 Tl Senf
100 g geriebener Käse

Das Weißbrot mit Butter bestreichen und mit Petersilie bestreuen.

Anschließend die Miniwürstchen anbraten und auf die Brote verteilen.

Die süße Sahne mit Senf und geriebenem Käse vermischen und über die Würstchen geben.

Die mit Wurst und Käsecreme belegten Brote im 120 °C warmen Backofen etwa 5 Minuten gratinieren.

FLEISCHWURST-GESCHNETZELTES MIT ZWIEBELN UND TOMATEN

FÜR 4 PERSONEN

3 Zwiebeln, gewürfelt
2 El Fett
500 g Fleischwurst, gewürfelt
200 g geschälte Tomaten aus der Dose
Salz
Pfeffer
Nelken, gemahlen
Petersilie, gehackt
4 Eigelb

Zwiebeln im Fett in einer Pfanne anbraten. Danach die Wurst hinzugeben und leicht bräunen.

Tomaten hacken und mit etwas Saft hinzugeben. Mit Salz, Pfeffer und nach Belieben mit gemahlenen Nelken würzen und mit gehackter Petersilie bestreuen.

Kurz vor dem Servieren die Eigelb darüber geben.

Reichen Sie dazu grünen Salat und ofenfrisches Weißbrot.

PIKANTE FLEISCHWURST

FÜR 4 PERSONEN

1 Dose Pfirsiche (240 g), fein gewürfelt
1 Zwiebel, gehackt
1 rote oder gelbe Paprikaschote, entkernt und gehackt
etwas Fett
Salz
Pfeffer
4 Stücke Fleischwurst
(je 100g)
2 El gehackte Petersilie

Pfirsiche mit gehackter Zwiebel und Paprika in etwas Fett anbraten.

Etwas Fruchtsaft hinzugeben und alles weich kochen. Mit Salz und Pfeffer abschmecken.

Die Fleischwurst längs aufschneiden und in einer zweiten Pfanne von beiden Seiten anbraten.

Die Paprikamischung auf die Wurst geben und alles auf Tellern anrichten.

Mit gehackter Petersilie bestreut servieren. Dazu reicht man Kartoffelbrei mit Kräutern oder Röstzwiebeln.

GESCHNETZELTES MIT RENTIERSALAMI UND PILZEN

FÜR 4 PERSONEN

100 g Pfifferlinge, geputzt und halbiert
2 El Fett
1 Zwiebel, gehackt
$^1/_2$ Porreestange, gehackt
4 mittelgroße Kartoffeln, gekocht und gewürfelt
300 g Rentiersalami, gewürfelt

Die Pilze in 1 El Fett bei voller Hitze etwa 10 Minuten anbraten.

Danach die Pfanne mit einem Deckel verschließen und bei schwacher Hitze nochmals zehn Minuten braten.

Das restliche Fett zu den Pilzen geben und gehackte Zwiebel, Porree, Kartoffelwürfel und Rentiersalami hinzugeben. Alles 5 bis 10 Minuten bräunen.

Das Geschnetzelte heiß in der Pfanne servieren. Dazu Spiegeleier und Rote Bete reichen.

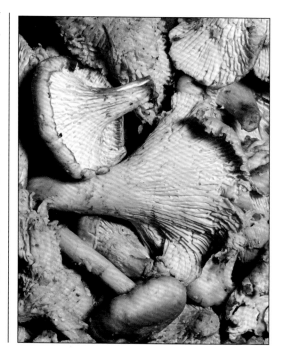

METTWURSTGRATIN MIT ROSMARIN

2 Zwiebeln, in dünne Scheiben geschnitten
2 El Butter
6 gekochte Kartoffeln, in Scheiben geschnitten
400 g Mettwurst, in Scheiben geschnitten
250 ml Tomatensaft
Salz
Pfeffer
1 Tl Rosmarinpulver
150 g Bergkäse, gerieben

Die Zwiebeln in 1 El Butter glasig dünsten. Kartoffeln und Mettwurst mit etwas Tomatensaft, Salz und Pfeffer würzen.

Anschließend die Zwiebeln auf den Boden einer gefetteten Auflaufform legen, darauf Kartoffel- und Mettwurstscheiben schichten.

Nun den Tomatensaft und die restliche Butter darüber geben. Mit Rosmarinpulver bestäuben und die Form mit einer Folie oder einem Deckel verschließen.

Die Form für 20 Minuten in den auf 180 °C vorgeheizten Ofen geben.

Nach 20 Minuten Folie oder Deckel abnehmen, das Gericht mit geriebenem Käse bestreuen und für weitere fünf Minuten gratinieren.

Das Gratin heiß mit frischem Salat servieren.

FLEISCHWURST MIT TOMATEN UND ZWIEBELDECKE

400 g Fleischwurst, gepellt und gewürfelt
1 geriebener Apfel
Etwas gehackte Petersilie
200 ml kräftige Brühe
2 große Zwiebeln, in dünne Scheiben geschnitten
4 Tomaten, in dünne Scheiben geschnitten
Salz
Pfeffer
2 El gehackte Petersilie

Die Fleischwurst in eine Bratpfanne legen. Den geriebenen Apfel über der Wurst verteilen und etwas gehackte Petersilie darüber streuen.

Anschließend die Brühe angießen. Zwiebel- und Tomatenscheiben abwechselnd auf die Wurst legen. Mit Salz und Pfeffer würzen. Die Pfanne mit einem Deckel verschließen und bei schwacher Hitze so lange kochen, bis die Zwiebeln weich sind.

Vor dem Servieren mit Petersilie bestreuen. Dazu reicht man Kartoffelbrei.

RENTIERGULASCH MIT STEINPILZEN

FÜR 4 PERSONEN

750 g Rentierfleisch aus der Oberschale
500 g Zwiebel, geschält,
in Ringe geschnitten
2 El Butter
Jodsalz
Schwarzer Pfeffer aus der Mühle
1 Tl Wacholderbeeren, zerdrückt
20 g Steinpilze, getrocknet
250 ml Pilzwasser
50 g Butter, eisgekühlt

Das Fleisch in gleichmäßige Würfel schneiden. Die Butter in einem Bräter schmelzen und die Fleischstücke ohne Gewürze darin anbraten. Jetzt Salz, Pfeffer und die zerdrückten Wacholderbeeren zufügen und untermischen. Die eingeweichten Steinpilze aus dem Einweichwasser nehmen, gut ausdrücken und klein schneiden. Zum Fleisch in den Bräter geben. Das Pilzwasser durch eine Teefiltertüte gießen, damit kein Sand mehr darin ist. 250 ml abmessen und zum Fleisch geben. Einen Deckel auf den Bräter legen und alles etwa 1 Stunde bei kleiner Hitze schmoren.

Wenn das Fleisch gar ist, die Soße mit der eiskalten Butter binden. Dazu passen mit Preiselbeergelee gefüllte Birnenhälften und selbst gemachte Spätzle.

.

GEFÜLLTE RINDERROULADEN

FÜR 4 PERSONEN

4 Scheiben Rinderrouladen
4 El Senf
4 Scheiben Bacon
Schwarzer Pfeffer aus der Mühle
Jodsalz
4 kleine grobe Bratwürstchen
1 El Butter
1 El Pflanzenöl
1 Zwiebel, gewürfelt
1 Tl Speisestärke
2 El Sahne, halb steif geschlagen

Die Rouladen auf der Arbeitsplatte ausbreiten. Jede Scheibe mit einem El Senf bestreichen und die Baconscheiben auflegen. Mit Salz und Pfeffer würzen. Von den Bratwürstchen die Haut entfernen und je 1 auf die Rouladen legen. Die Längsseiten der Rouladen nach innen klappen und die Fleischscheiben aufrollen. Mit Holzstäbchen feststecken. Rouladen von außen salzen und pfeffern.

Butter und Pflanzenöl in einem Bräter erhitzen und darin die Rouladen von allen Seiten mit der gewürfelten Zwiebel kräftig anbraten. Mit wenig heißem Wasser aufgießen und einen Deckel auflegen. Bei kleiner Flamme für eine gute Stunde schmoren lassen. Wenn zu wenig Wasser in der Pfanne ist, immer nur kleine Mengen heißes Wasser zugießen. Die Rouladen aus der Pfanne heben und warm stellen.

Den Bratenfond eventuell mit der Speisestärke, die in Wasser aufgelöst wird, binden. Nochmals abschmecken und die Sahne unterziehen. Dazu passt ein knackiger grüner Salat und Salzkartoffeln.

KOHLROULADEN HALB UND HALB

FÜR 4 PERSONEN

1 Weißkohl
Salz für das Kochwasser
300 g Hackfleisch, gemischt
Jodsalz
Weißer Pfeffer aus der Mühle
1 Ei
1 El Semmelbrösel
2 El Butter
500 ml Gemüsebouillon, Instant
200 ml saure Sahne

Vom Weißkohl die Blätter einzeln ablösen und in kochendem Salzwasser für 2 Minuten blanchieren. In Eiswasser abschrecken und gut trockentupfen. Den harten Strunk flach schneiden. Das Hackfleisch mit Salz, Pfeffer, Ei und Semmelbrösel zu einem glatten Teig vermischen. Je 1 El Fleischteig auf ein Kohlblatt setzen und einrollen. Die Butter in einem Bräter erhitzen und die Kohlröllchen in den Topf neben- und übereinander legen und anbraten. Die Röllchen müssen gut Farbe nehmen. Mit der Gemüsebouillon aufgießen. Die Röllchen sollten knapp bedeckt sein.

Für etwa 20 Minuten auf kleiner Flamme schmurgeln lassen. Die Röllchen aus dem Bräter heben und auf einer Platte anrichten. Den verbliebenen Kochfond mit der sauren Sahne vermischen und eventuell nachwürzen. Die Soße separat zu den Röllchen reichen.

Dazu passen Salzkartoffeln.

KALBFLEISCH IN DILLRAHMSOSSE

FÜR 4 PERSONEN

1 Tl Salz
2 Zwiebeln, geschält und in Stücke geschnitten
1 Stange Lauch, geputzt und grob zerteilt
1 Tl weiße Pfefferkörner
2 Nelken
2 Lorbeerblätter
1 kg Kalbfleisch (Brust oder Nuss)

Für die Soße:
1 El Butter
1 El Mehl
500 ml Kalbfleischfond
2 Eigelb
3 El Crème fraîche
Jodsalz
Weißer Pfeffer aus der Mühle
1 Tl Weißweinessig (weißer Balsamico)
1 Prise Zucker
1 Bund Dill, fein gewiegt

In einem Topf reichlich Salzwasser aufkochen. Zwiebeln, Lauch und alle Gewürze dazugeben und das Fleisch obenauf legen. Zugedeckt auf kleiner Flamme etwa $1\frac{1}{2}$ Stunden köcheln lassen. Den Topf vom Herd ziehen und 30 Minuten ruhen lassen. Das Fleisch aus dem Topf heben, in gleichmäßige Scheiben schneiden und abgedeckt im Backofen warm halten.

Die Butter in einem Topf erhitzen, das Mehl einrühren und anschwitzen. Mit so viel Kalbfleischfond angießen, bis eine sämige Soße entsteht. Den Topf von der Flamme ziehen. Das Eigelb mit der Crème fraîche verrühren und unter die Soße ziehen. Mit Jodsalz, Pfeffer, Essig und Zucker abschmecken. Zum Schluss den Dill unterziehen. Die Kalbfleischscheiben mit der Soße übergießen und mit Reis und gedünsteten Zuckermöhren servieren.

KASSELER SCHWEDISCHE ART

FÜR 4 PERSONEN

500 g Kasseler
3 kleine Essiggurken, gewürfelt
1 Dose Ananas (oder 1 frische Ananas), gewürfelt
750 ml Chilisoße
400 ml süße Sahne
1 Tl Tomatenmark

Kasseler in Wasser 25 Minuten garen und in Scheiben schneiden. Die Scheiben in eine ausgefettete Auflaufform legen.
Essiggurken- und die Ananaswürfel vermischen und über dem Fleisch verteilen. Die Chilisoße und die süße Sahne verrühren, mit Tomatenmark abschmecken und über das Fleisch gießen.
Im Backofen bei 275 °C ca. 20 Minuten überbacken.

POULARDENBRÜSTE IN PFEFFERRAHMSOSSE

FÜR 4 PERSONEN

1 Zwiebel, fein gehackt
4 El Öl
Salz
Pfeffer
1 El Worcestersoße
1 Tl Senf
1 El Zitronensaft
2 El Paprikapulver, edelsüß
2 rote Chilischoten, entkernt und in feine Ringe geschnitten
4 Poulardenbrüste, je ca. 125 g

Zwiebel zusammen mit Öl, Salz, und Pfeffer verrühren. Anschließend Worcestersoße, Senf, Zitronensaft, Paprikapulver und Chilischoten hinzugeben und alles zu einer Marinade verquirlen.

Die Poulardenbrüste in die Marinade legen oder sie damit bestreichen und für 30 Minuten zugedeckt ziehen lassen.

Das Fleisch auf dem heißen Grill von jeder Seite etwa fünf Minuten knusprig braten. Dabei immer wieder mit Marinade bestreichen.

PYTT I PANNA

FÜR 4 PERSONEN

750 g festkochende Kartoffeln
2 El Öl
250 g Zwiebeln, in Streifen geschnitten
250 g durchwachsener Schinkenspeck, in dünne Scheiben geschnitten oder gewürfelt
100 g gekochter Schinken
Salz
Schwarzer Pfeffer aus der Mühle
2 El gehackte Petersilie

Die gewaschenen Kartoffeln als Pellkartoffeln kochen. Das Öl in einer großen Pfanne erhitzen. Zwiebeln und Speck darin anbraten. Kartoffeln abgießen, abschrecken, pellen und ebenfalls in Scheiben schneiden oder würfeln.

Kartoffeln in die Pfanne geben und knusprig braun braten. Anschließend den gewürfelten, gekochten Schinken dazugeben. Mit Salz und Pfeffer würzen und mit gehackter Petersilie bestreuen. Bratkartoffeln in der Pfanne servieren. Dazu pro Person ein rohes Eigelb oder ein Spiegelei reichen.

Als Getränk passen kühles Bier und ein eiskalter Aquavit besonders gut.

Variation:
In Schweden kennt man noch eine üppigere Form dieses Gerichts: Nur 500 g Kartoffeln verwenden, dafür aber statt des Specks 500 g gebratenes oder gekochtes Rindfleisch und 250 g gekochten Schinken. Dazu reicht man ebenfalls rohe Eigelb oder Spiegeleier.

GRUNDREZEPT FLAMMKUCHENTEIG

*Um einen Flammkuchenteig zuzubereiten,
braucht man etwa eine Stunde, denn man
muss der Hefe Zeit zum Gehen lassen.
Ansonsten ist er leicht zuzubereiten.*

400 g Weizenmehl
250 ml lauwarmes Wasser
1 Beutel Trockenhefe
1 Tl Salz

Die Trockenhefe in lauwarmen Wasser auflösen.

Mehl in eine Schüssel sieben und eine Mulde hineindrücken. In die Mulde das Salz und etwas Hefewasser gießen. Vorsichtig vom Rand her Mehl hinzugeben und einen "Vorteig" herstellen. Dann das restliche Wasser hinzugießen und den Teig mit den Knethaken des Handrührgerätes zu einem glatten, weichen Teig verarbeiten.

Aus dem Teig 2 gleich große Kugeln formen und diese zugedeckt (am besten in Folie eingewickelt) an einem warmen Ort so lange aufgehen lassen, bis sich das Volumen verdoppelt hat.

Dann den Teig kreisrund ausrollen und in eine gefettete und mit Mehl bestäubte Form legen. Flammkuchen nach Wunsch belegen.

FLAMMKUCHEN MIT RENTIERFLEISCH,
BLAUSCHIMMELKÄSE UND ANANAS

1 Ananas, frisch oder aus der Dose,
möglichst ungezuckert
1 Blauschimmelkäse
1 Mozzarella
1 Dose Pizzatomaten
Zwiebel
Etwas Salz
vollendlich, Pfeffer
1 Stück getrocknetes Rentierfleisch, ca. 60 g

Flammkuchen nach Grundrezept zubereiten. Ananas in Stücke schneiden. Blauschimmelkäse mit einer Gabel zerdrücken und mit gewürfeltem Mozzarella mischen.

Hat man es eilig, kann man eine fertige Tomatensoße verwenden, ansonsten kann man aus einer Dose Pizzatomaten und entsprechenden italienischen Gewürzen eine eigene herstellen. Den Flammkuchen mit Tomatensoße bestreichen und mit Ananas belegen.

Das Stück Rentierfleisch in sehr dünne Scheiben schneiden.

Geräucherter Rentierschinken, den man ebenso verwenden kann, hat den Nachteil, dass er weniger haltbar ist als das getrocknete Fleisch. Man kann auch im Sommer geräuchertes Rentierfleisch bevorraten und dieses auch noch im Winter verwenden. Das Fleisch auf dem Flammkuchen verteilen und mit Blauschimmelkäse und Mozzarella belegen.

Je nach Geschmack kann der Flammkuchen zusätzlich mit italienischen Kräutern wie Oregano oder Majoran gewürzt werden.

Den Flammkuchen mit Umluft bei etwa 200 °C, ansonsten bei 220 °C etwa 20 Minuten backen. Dazu passt Starköl, das leckere schwedische Bier.

JULSCHINKEN MIT ROTKOHL

Julschinken sollte es eigentlich nur zu Weihnachten geben, aber wenn Sie ihn erst einmal probiert haben, ist öfter im Jahr Weihnachten.

FÜR 6 PERSONEN

ca. 2,5 kg gepökelter Schweineschinkenbraten mit
Schwarte (beim Metzger bestellen)
1 El schwarze Pfefferkörner
1 Tl Pimentkörner
1 Rotkohl, ca. 1,5 kg
3 mittelgroße Zwiebeln
1 El Butterschmalz
3 Lorbeerblätter
5 Gewürznelken
200 ml Obstessig
Salz
8 El Apfelmus
3 El Zucker
3 El scharfer Senf
2 Eier
4 El Paniermehl

Schinken kurz abspülen, Schwarte in Rauten einritzen und in einen großen Topf legen, Pfeffer und Pimentkörner zufügen. So viel Wasser angießen, bis der Schinken bedeckt ist Aufkochen und bei mittlerer Hitze ca. 2 ½ Stunden zugedeckt köcheln lassen.

Kohl putzen, waschen, vierteln und den Strunk entfernen. In Streifen schneiden. Die Zwiebeln schälen und würfeln.

Butterschmalz erhitzen, Zwiebeln und Rotkohl ca. 10 Minuten andünsten. Lorbeerblätter, Nelken, Essig und etwas Salz zufügen und alles zugedeckt rund 1 Stunde garen.

Nach 30 Minuten 200 ml Schinkensud zum Kohl geben, Apfelmus und Zucker unterrühren. Nun den Schinken aus dem Sud nehmen, etwas abkühlen lassen und die Schwarte abziehen. Danach Zucker, Senf, Eier und Paniermehl verrühren. Diese Masse auf den Schinken streichen und ihn im vorgeheizten Backofen bei 200 °C etwa 25 Minuten überbacken. Kohl abschmekken und mit dem Schinken anrichten.

Dazu passen Salzkartoffeln und Apfelkompott, als Getränk empfehlen wir trockenen Rotwein.

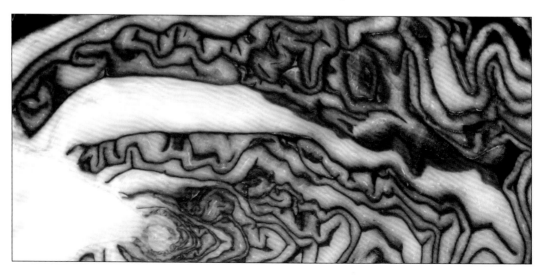

FLEISCHBÄLLCHEN SCHWEDISCHE ART

FÜR 4 PERSONEN

3 El Paniermehl
100 ml Wasser
300 g Hackfleisch
1 El geriebene Zwiebel
1 Ei
Salz und Pfeffer
Butter zum Braten

Das Paniermehl in eine Schüssel geben und das Wasser zugeben. Einige Zeit aufquellen lassen. Dann die übrigen Bestandteile zugeben und das Hackfleisch zu einer geschmeidigen Masse verarbeiten.
Kleine Fleischbällchen formen und bei mittlerer Hitze hellbraun braten.

FLEISCHKLÖSSE MIT STEINPILZAROMA

FÜR 4 PERSONEN

250 g Rinderhack
1 El Paniermehl
1 Eigelb
1 El Sahne
Salz
Pfeffer
Muskat
2 El gehackte Petersilie
125 ml Wasser
1 Beutel getrocknete Steinpilze
1 Zwiebel, fein gewürfelt
2 El Butter
1 Packung Bratensoße (Fertigprodukt)

Hackfleisch mit Paniermehl, Eigelb, Sahne, Gewürzen und Petersilie zu einem glatten Teig verarbeiten und Klöße daraus formen.

Die Pilze in Wasser 10 Minuten quellen lassen. Die Klöße in heißem Fett braten und herausnehmen. Anschließend Zwiebelwürfel in der Pfanne dünsten und die Pilze mit der Einweichflüssigkeit und dem Soßenpulver zugeben. Aufkochen lassen und über die Klöße geben.

Spätzle oder Bandnudeln und Salat schmecken hervorragend zu den Fleischklößchen.

FLEISCHBÄLLCHEN NACH SEEMANNSART

FÜR 4 PERSONEN

---

1 Brötchen
450 g Rinderhack
1 kleine rote Zwiebel, gewürfelt oder gerieben
1 Tl Salz
1 Tl gem. Piment
4 Eigelb
5 El Bratfett

Das Brötchen in lauwarmem Wasser einweichen.

Hackfleisch, gut ausgedrücktes Brötchen, Zwiebel, Salz, Piment und Eigelb mit dem Handrührgerät zu einem glatten Fleischteig verarbeiten. Mit nassen Händen Bällchen von etwa 3 cm Durchmesser formen.

Das Bratfett in einer Pfanne erhitzen, die Fleischbällchen auf mittlerer Hitze portionsweise rundum braun braten.

Dazu schmeckt Kartoffelpüree und Preiselbeerkompott.

KARTOFFELAUFLAUF MIT KASSELER

FÜR 4 PERSONEN

---

8 mittelgroße Kartoffeln, geschält und
in grobe Stifte geschnitten
1 große Zwiebel, grob gehackt
500 g Kasselerfleisch, gewürfelt
6 El Paniermehl
2 El Butter
300 ml Sahne

Die Hälfte der Kartoffeln in eine gefettete Auflaufform geben. Mit Zwiebeln bedecken, und mit Kasselerwürfeln belegen. Den Rest der Kartoffeln auf die Kasselerwürfel schichten, mit Paniermehl bestreuen und mit Butterflöckchen krönen. Mit der Sahne begießen. Auflaufform bei 220 °C in den Ofen setzen und 50-60 Minuten backen.

Dazu schmeckt grüner Salat mit Radieschen.

SCHWEDISCHER KUTSCHERTOPF

2 Schweinenieren
350 g Schweinefleisch, mager
4 El Öl
3 Zwiebeln, in Scheiben geschnitten
1 Glas Rote Bete
750 g Kartoffeln
2 Bund Petersilie
Butter für die Form
125 ml heiße Fleischbrühe (Instant)
125 ml helles Bier
1 Tl Zucker
Salz
Schwarzer Pfeffer aus der Mühle
Muskatnuss

Nieren längs aufschneiden. Von Haut sowie Röhren befreien und in einer Schüssel 30 Minuten wässern lassen. Danach trockentupfen und in dünne Scheiben schneiden.

In der Zwischenzeit das Schweinefleisch unter kaltem Wasser abspülen, mit Haushaltspapier abtupfen und das Fleisch in 3 cm große Würfel schneiden.

Öl in einer großen Pfanne erhitzen und die Zwiebeln darin ca. 3 Minuten glasig braten.

Fleischwürfel und Nierenscheiben dazugeben und rundherum 5 Minuten braun anbraten. Dann die Pfanne beiseite stellen.

Rote Bete abtropfen lassen. Kartoffeln waschen, ebenfalls abtropfen lassen und in dünne Scheiben schneiden. Die Petersilie abspülen, trockenschütteln und hacken.

Eine feuerfeste Form ausbuttern. Zuerst eine Schicht Kartoffeln hineingeben, danach das Fleisch und die Nieren zusammen mit den Zwiebeln. Alles mit Petersilie bestreuen und darüber Rote Bete verteilen. Den Vorgang wiederholen und mit einer Kartoffelschicht abschließen. Den Bratfond in der Pfanne mit Fleischbrühe und Bier loskochen. Mit Zucker, Salz, Pfeffer und Muskatnuss pikant abschmecken. Über die Kartoffeln gießen.

Die Form zugedeckt in den auf 220 °C vorgeheizten Ofen auf die mittlere Schiene stellen und ca. 60 Minuten garen. 10 Minuten vor Ende der Garzeit die Abdeckung abnehmen.

Als Beilage empfiehlt sich Kopf- oder Endiviensalat.

Man kann anstelle des Schweinefleischs ohne weiteres auch Rind- oder Hammelfleisch nehmen bzw. alle 3 Fleischsorten miteinander kombinieren.

LEBERPASTETE

Leber, Sardellen und Zwiebel einige Male durch einen Fleischwolf geben.

Butter, Mehl und Sahne zu einer Soße verrühren. Nun Eier, Salz, Pfeffer, gemahlene Nelken und den Weinbrand einarbeiten und mit dem Fleischteig mischen. In eine gebutterte feuerfeste Form füllen und mit einem Deckel oder Alufolie verschließen. Die Form in die Fettpfanne des Backofens stellen und im Wasserbad garen. Dazu etwa 2 - 3 cm hoch Wasser angießen.

Die Leberastete im vorgeheizten Backofen bei 170 –180 °C für ca. 1 Stunde garen.

Zum Servieren auf eine Platte stürzen und in Scheiben geschnitten auf Tellern anrichten.

FESTTAGSBRATEN MIT BACKPFLAUMEN

FÜR 4 PORTIONEN

250 g Backpflaumen ohne Stein
1 Tasse Weißwein
1 kg Schweinerücken (ausgelöstes Kotelettstück)
1 Tl Salz
1 mittelgroße Zwiebel
1 mittelgroßer Apfel

Die Pflaumen im Wein 2 Stunden einwei-chen. In die Unterseite des Fleisches Kerben schneiden, in jede Kerbe eine Pflaume stecken und so weit wie möglich in das Fleisch drücken. Das Fleisch salzen und mit der nicht gespickten Seite nach oben in einen Bräter legen. Die Zwiebel in Achtel schneiden. Den Apfel schälen, vierteln, Kerngehäuse entfernen, eben-falls in Achtel schneiden und mit der Zwiebel zum Fleisch geben.

Den Wein, in dem die Pflaumen eingeweicht waren, hinzufügen und den offenen Bräter in den vorgeheizten Backofen setzen.

Bei 200 °C 50 bis 60 Minuten backen.

Dazu passt ein sahniges Kartoffelpürree, ge-schmorte Äpfel und Preiselbeerkompott.

WEIHNACHTSSCHINKEN

FÜR 15 PERSONEN

Gepökelter Schinken mit Schwarte (ca. 4 kg)
2 Eigelb
2 El Senf
1/2 Tl Zucker
100 g Paniermehl
Salz
Außerdem:
1 Fleischthermometer
Bratenfolie

Schinken abspülen und das Thermometer bis in die Mitte des Schinkens stecken. Anschlie-ßend mit Bratfolie bedecken und in den auf 175 °C vorgeheizten Backofen schieben.

Wenn das Thermometer 73 °C zeigt, den Schinken aus dem Backofen nehmen und die Schwarte entfernen.

Eigelb, Senf und Zucker miteinander verrühren, und den Schinken damit einpinseln. Paniermehl und Salz über den Schinken streuen. Bei 225 °C weitere 15 bis 20 Minuten backen, bis der Schinken eine schöne Farbe bekommen hat.

Servieren Sie den Braten mit Rotkohl, Kartoffeln und Apfelmus!

SPARERIBS

2 Zwiebeln, fein gehackt
2 Knoblauchzehen, fein gehackt
1 El Öl
50 g Ketchup
250 g passierte Tomaten
1 El Honig
1 El Essig
1 El Sojasoße
1 El Salz
1 El Senf
1 El Cayennepfeffer
1 Tl Ingwer
500 ml Wasser
1 Lorbeerblatt
1 Nelke
2 El Essig
1 kg Spareribs

Die Hälfte der Zwiebeln und des Knoblauchs in Öl glasig dünsten. Anschließend Ketchup, passierte Tomaten und Honig hinzufügen. Diese Mischung mit Essig, Sojasoße, Salz, Senf, Cayennepfeffer und Ingwer würzen.

Das Ketchup-Dressing zugedeckt 10 Minuten köcheln lassen.

Wasser mit den restlichen Zwieben, Knoblauchwürfeln, Lorbeerblatt, Nelke und Essig aufkochen.

Sparerips gut abbrausen und in diesem Sud etwa 10 Minuten vorgaren.

Danach Sparerips aus dem Sud nehmen, trockentupfen und mit Ketchup-Dressing bestreichen.

Die Rips von jeder Seite 5 Minuten grillen bis sie knusprig sind, dabei immer wieder mit dem Dressing bestreichen.

HÄHNCHENSPIESSE

600 g Hühnerbrust
200 g Kumquats
1 rote Paprikaschote
2 El Honig
1 El Öl
1 El Sojasoße
Tabasco
Salz
Pfeffer
1 Sternfrucht, in Scheiben geschnitten

Hühnerbrust gut abspülen, trockentupfen und grob würfeln.

Kumquats heiß abspülen und die Paprikaschote waschen, entkernen und in Stücke schneiden.

Honig, Öl und Sojasoße zu einer Marinade verrühren und mit Tabasco, Salz und Pfeffer abschmecken.

Fleischstücke, Sternfruchtscheiben sowie Kumquats und Paprikastücke abwechselnd auf Spieße stecken und mit der Marinade bepinseln.

Die Spieße 15-20 Minuten grillen, dabei regelmässig drehen und mit Marinade bestreichen.

WEIHNACHTSSCHINKEN NACH OLES ART

2 kg Schweineschinken; ohne Knochen
(beim Metzger pökeln lassen)
1 Tl Pfefferkörner
5 Pimentkörner
1 Lorbeerblatt
1 Ei
¹/₂ El Zucker
1 El süßer Senf
2 El Semmelmehl
375 g Back- oder Kurpflaumen
500 ml Wasser

Für den Rotkohl:
3 säuerliche Äpfel
2 El Schweineschmalz
1 ¹/₂ kg Rotkohl
1 Tl Zucker
125 ml Wasser

Für das Apfelkompott:
750 g säuerliche Äpfel
125 g Zucker
Abgeriebene Schale einer ¹/₂ Zitrone
1 Stange Zimt
250 ml Wasser
Außerdem:
1 Fleischtermometer

Schinken waschen und in einen Topf mit heißem Wasser legen. Der Schinken muss mit
Wasser bedeckt sein. Gewürze zugeben und das
Wasser auf 72 °C erhitzen (mit Thermometer
kontrollieren). Bei dieser Temperatur 4 Stunden
garen. Dann den Schinken aus dem Sud nehmen
und abkühlen lassen.

Etwas von der Fettschicht abschneiden. Ei,
Zucker und Senf verrühren und auf den
Schinken streichen. Mit Semmelmehl bestreuen
und im vorgeheizten Backofen bei 200 °C
15 Minuten überbacken.

In der Zwischenzeit Pflaumen gründlich waschen und in kochendem Wasser 20 Minuten
weich dünsten. Äpfel schälen, entkernen und
klein schneiden. Schmalz zerlassen und Rotkohl,
Äpfel, Zucker und Wasser zugeben. 15 Minuten
bei mittlerer Hitze garen.

Für das Apfelkompott Äpfel schälen, entkernen
und in grobe Stücke schneiden. Äpfel, Zucker,
Zitronenschale, Zimt und Wasser aufkochen und
10 Minuten bei schwacher Hitze garen. Das
Apfelkompott abkühlen lassen. Den Schinken in
Scheiben schneiden und kalt mit Backpflaumen,
Apfelrotkohl und Apfelkompott servieren.
Dazu Salzkartoffeln reichen.

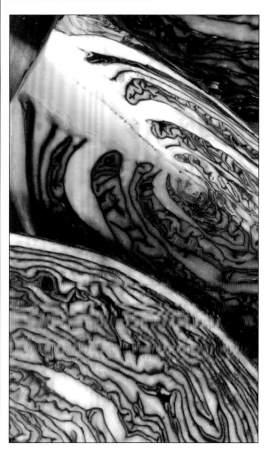

FISCH
UND
SCHALENTIERE

DER REICHTUM DES MEERES

In Schweden dominieren Gerichte mit Fisch und Schalentieren. Die endlos lange Küste und die herrlich saube-ren Seen bescheren uns einen Fischreichtum, den man natürlich nicht ungenutzt lassen darf. Die Zubereitungsarten sind meistens einfach und schnell nachzukochen. Achten Sie beim Einkauf auf die Frische der Fische und Schalentiere. Fisch darf nur nach Meerwasser riechen, die Kiemen müssen hellrot sein und fest anliegen. Auf Druck dürfen im Fleisch keine Dellen zurück bleiben. Muscheln müssen geschlossen sein. Bewahren Sie Fisch und Schalentiere stets eisgekühlt im Kühlschrank auf.

SENF-DILL-SOSSE

FÜR 4 PERSONEN

1 Bund Dill
80 g Senf
65 g Zucker
3 El Weinessig,
60 ml Öl
1 Prise Salz

Dill waschen, trockentupfen und fein hacken. Aus Senf, Zucker, Essig und Öl eine Soße anrühren. Den Dill untermischen und alles mit Salz abschmecken.

Diese Soße passt hervoragend zu Graved Lachs oder anderen Fischgerichten.

GRAVED LACHS

FÜR 4 PERSONEN

400 g Lachsfilet
1 El grobes Salz
1 El Zucker
1 El Zucker

Lachsfilet längs halbieren, Salz und Zucker mischen und die Lachshälften je mit der Hälfte der Mischung bestreuen. Eine Hälfte zusätzlich mit dem gehackten Dill bestreuen und die zweite Hälfte darauf legen. Den Lachs in einen Gefrierbeutel geben und fest verschließen. Den Gefrierbeutel in eine Schüssel legen und mit einem flachen Stein oder einem halb gefüllten Wasserglas für 1 Tag marinie-ren, dabei den Lachs regelmäßig wenden.

Vor dem Servieren das Lachsfilet vom Dill befreien und mit frischem Dill bestreuen.

Dazu passt Senf-Dill-Soße.

SENFHERING

FÜR 4 PERSONEN

ca. 400 g Matjeshering
1 El Zucker
1 El Essig
4 El Öl
10 ml Mayonnaise
100 g süßer Senf (grobkörnig)

1 Sträußchen Dill, gehackt
2-3 Zwiebeln, sehr fein gehackt.

Hering in Stücke schneiden. Zucker, Essig und Öl mischen. Dann Mayonnaise, Senf, Dill und Zwiebeln mit der Vinaigrette verrühren, über den Hering gießen und umrühren. Der Senfhering kann sofort gegessen werden.

MATJES MIT SAUERRAHM

FÜR 4 PERSONEN

3 Matjesfilets
7 kleine gekochte Kartoffeln, in Scheiben geschnitten
20 ml Sauerrahm
¹/₂ El Mayonnaise
1 Glas roter Forellenkaviar (ca. 100 g)
1 rote Zwiebel, nicht zu groß, fein gehackt
1 Stück Porree, fein gehackt
1 Sträußchen Dill, fein gehackt
4 Eier, hart gekocht, Petersilie

Matjes in Stücke schneiden. Matjes und Kartoffeln mischen und ca. 2 Stunden in den Kühlschrank stellen.
Sauerrahm, Mayonnaise, Kaviar, rote Zwiebel, Porree und Dill verrühren. Die Mischung aus dem Kühlschrank dazugeben und umrühren.
2 Eier hacken und vorsichtig unterziehen.

Mit Eihälften und Petersilie garnieren und servieren.

SAIBLINGE NACH TARNASJO ART

FÜR 2 PERSONEN

Butter zum Braten
2 Saiblinge
1 Tüte Knorr Raffinesse (Fertigsoße)
400 g Bandnudeln

Wenn man die Fische, vor allem zum Grillen, etwas marinieren möchte, kann man eine Soße aus Weißwein, Knoblauch, Zitrone und Salz anrühren. Oder man vertraut einfach auf das Aroma des gebratenen Fisches und gibt nach dem Kochen nur Salz hinzu.
Die Saiblinge in Butter braten oder grillen. (Für den Grill sind Drahtkäfige sehr vorteilhaft). Unterdessen die Fertigsoße anrühren und die Bandnudeln nach Packungsanweisung kochen.

GEGRILLTE REGENBOGENFORELLE

FÜR 4 PERSONEN

1 Regenbogenforelle etwa 1 kg
Salz
Pfeffer
Chilipulver
Einige Stücke Butter
Frischer Dill, fein gehackt
6 Zitronenscheiben
Außerdem:
Butter
Alufolie

Die frische Regenbogenforelle ausnehmen, salzen und 1 Stunde beiseite stellen. Anschließend die Forelle auf die geölte Alufolie legen, die so groß sein sollte, dass der Fisch später darin eingewickelt werden kann.

Den Fisch nun von innen mit Pfeffer oder Chilipulver würzen. Butter in den Fisch geben und nach Belieben frischen Dill hineinstreuen. Den Fisch anschließend in die Folie einwickeln und bei 225 °C backen.

Nach 20-30 Minuten, wenn sich das Fleisch von Haut und Gräten lösen lässt, wird der Fisch mit Zitronenscheiben und gekochten Kartoffeln oder einem leichten Salat serviert.

HERINGS-GABELBISSEN

FÜR 4 PERSONEN

3 Salzheringe
1 Tl Estragon-Essig
1-2 El Zucker
2 Lorbeerblätter
1-2 Zwiebeln, in Ringe geschnitten
1 Handvoll Wacholderbeeren, zerstoßen
10 Pfefferkörner
10 Pimentkörner
Dill, fein gehackt
Petersilie, fein gehackt
Essiggürkchen, in Scheiben geschnitten
200g Sauerrahm

Die Salzheringe 2 Tage bei mehrmaligem Wasserwechsel wässern, dann häuten, entgräten, filetieren, in daumenbreite Streifen schneiden und in eine flache Glasschale schichten.

Essig mit Zucker, Lorbeerblättern und Zwiebelringen, sowie den zerstoßenen Wacholderbeeren und den Pfeffer- und Pimentkörnern einmal aufkochen lassen. Abgekühlten Sud über die Fische gießen. Die Gabelbissen müssen damit bedeckt sein und an einem kühlen Ort 12 Stunden ziehen. Vor dem Servieren aus der Marinade nehmen und mit Sauerrahm übergießen.

Zum Schluss mit fein gehacktem Dill, Petersilie und Essiggürkchen garnieren.

GLASMEISTER-HERING

*Glasmeister-Hering, auch Glasbläser genannt, fehlt
auf keinem skandinavischen Büffet. Die Zubereitung
zieht sich über einige Tage hin, aber das Ergebnis
kann sich sehen lassen.*

8 Salzheringe, ausgenommen und ohne Kopf
100 g Möhren, geputzt
100 g rote Zwiebeln
je 1 Tl Senfkörner und Pimentkörner
3 Nelken
1 Tl weiße Pfefferkörner
2 Lorbeerblätter
25 ml Essigessenz
100 g Zucker
2 Tl Salz

Die Salzheringe in eine Schüssel legen und mit kaltem Wasser übergießen. Sie müssen gut mit Wasser bedeckt sein. Die Heringe mindestens 10 Stunden wässern, damit sie Salz verlieren. Das Wasser 3-4-mal wechseln.
Die Möhren in feine Scheiben schneiden. Die Zwiebel schälen und in dünne Ringe schneiden.

Möhren und Zwiebeln in eine Schüssel geben und mit kochendem Wasser übergießen. Etwa 1 Minute ziehen lassen, das Wasser abschütten. Das Gemüse in einem Sieb oder auf Küchenpapier abtropfen lassen.
Knapp 1 l Wasser mit den Gewürzen und dem Zucker aufkochen. Etwa 5 Minuten köcheln lassen. Sud in ein Gefäß umfüllen und abkühlen lassen.
Die Heringe unter kaltem Wasser waschen und mit Küchenpapier abtrocknen. Mit einem spitzen Messer am Rücken längs aufschneiden und die Filets an beiden Seiten so ablösen, dass keine Gräten am Fleisch zurückbleiben. Die restlichen Gräten sorgfältig mit einer Pinzette entfernen. Die Filets in mundgerechte Stücke schneiden.
In einem Glas von etwa 1 l Inhalt abwechselnd Heringstücke, Möhrenscheiben und Zwiebelringe schichten. Mit dem kalten Sud aufgießen. Die Zutaten sollten vom Sud bedeckt sein. Das Glas mit einem passenden Deckel oder Frischhaltefolie gut verschließen.
Die Hering müssen 4 Tage an einem kühlen Ort ziehen.

MATJES MIT ZWIEBELDIP

FÜR 4 PERSONEN

1 kleiner Bund Dill
2 Frühlingszwiebeln
220 g Joghurt
150 g Mayonnaise
2 El. scharfer Senf
3 El Zitronensaft
Salz
Zucker
Schwarzer Pfeffer aus der Mühle
8 mild gesalzene Matjesfilets

Dill waschen, trocknen und hacken. Zwiebeln putzen und waschen. 1 Zwiebel ohne das dunkle Grün fein hacken, die andere in feine Ringe schneiden.

Joghurt mit Mayonnaise gut verrühren und Senf und Zitronensaft hinzufügen.

Den fein gehackten Dill und die gehackte Zwiebel unterrühren, danach den Dip mit Salz, Pfeffer und Zucker herzhaft abschmecken.

Die Matjesfilets auf eine Platte legen und mit der in Ringe geschnittenen Frühlingszwiebel dekorieren.

Den Dip in einer Schüssel dazustellen. Kräftiges dunkles Brot und kaltes Bier passen am besten dazu.

HERINGE IN MARINADE

FÜR 4 PERSONEN

8 grüne Heringe, küchenfertig
2 Bund Dill
9 El Öl
4 El Essig
1 Tl Salz, 1 Tl Zucker
1 Tl Senf
1 Tl Pfeffer

Die gesäuberten Heringe in ein Gefäß legen und mit viel Dill bestreuen.

Die restlichen Zutaten zu einer Marinade verrühren und über die Heringe gießen.

Das Ganze ca. 2-3 Tage zugedeckt beizen.

Vor dem Servieren erneut mit Dill bestreuen.

ÜBERBACKENE FORELLENFILETS

FÜR 4 PERSONEN

250 g Champignons
3 El Butter
2 Schalotten, gehackt
2 Knoblauchzehen, gehackt
Salz
Pfeffer
130 ml trockener Weißwein
2 Ecken Sahneschmelzkäse
1 Tl Speisestärke
200 ml Milch
1 Tl grüne Pfefferkörner
800 g Forellenfilets
Saft von 1 Zitrone
1 Eigelb
2 El gehackte Walnusskerne

Champignons waschen, trockentupfen und in feine Scheiben schneiden. 1 El Butter in einem Topf erhitzen und Schalotten sowie Knoblauchzehen darin glasig andünsten. Champignons hinzugeben und alles ca. 5 Minuten dünsten. Anschließend mit Salz und Pfeffer würzen und beiseite stellen.

Den Weißwein in einem zweiten Topf erhitzen und den Sahneschmelzkäse stückweise hinzugeben und unter Rühren zum Schmelzen bringen. Speisestärke mit 100 ml Milch verquirlen und in die Käse-Wein-Mischung rühren.

Nach und nach weitere 100 ml Milch hinzugeben und das Ganze unter Rühren einmal aufkochen lassen. Die Soße mit Salz und Pfeffer abschmecken und die grünen Pfefferkörner hinzugeben. Danach den Topf vom Herd nehmen und die Soße abkühlen lassen.

Die Forellenfilets kalt abspülen, trockentupfen, mit Zitronensaft beträufeln und mit Salz und Pfeffer würzen.

Nun das Eigelb und die Champignon-Zwiebel-Mischung unter die bereits leicht abgekühlte Soße heben und alles noch einmal mit Salz und Pfeffer abschmecken.

2 El Butter in einer Pfanne zerlassen und die Forellenfilets darin von jeder Seite 3 Minuten braten.

Die Hälfte der Champignonsoße in eine Gratinform geben und die Forellenfilets darauf verteilen.

Die restliche Soße darüber geben und mit den gehackten Walnusskernen bestreuen. Einige Butterflöckchen aufsetzen.

Das Gratin in den auf 250 °C vorgeheizten Backofen geben und 15 Minuten backen.

Dazu schmeckt grüner Salat und Kartoffeln.

KARTOFFEL-MATJES-GRATIN

6 Matjesfilets
1000 g mehlige Kartoffeln, in dünne Scheiben
geschnitten
2 rote Paprikaschoten, entkernt und gewürfelt
1 Zwiebel, fein gehackt
3 Eier
500 ml Milch
1 El Mehl
Salz
Pfeffer
1 El Semmelbrösel
150 g Speck, in Streifen geschnitten

Die Matjesfilets einige Minuten wässern. Anschließend die Kartoffeln waschen, schälen und in dünne Scheiben schneiden oder hobeln. Paprika und Zwiebel vorbereiten.

Den Fisch kalt abspülen, gründlich trockentupfen und in mundgerechte Stücke schneiden.

In eine gefettete Auflaufform abwechselnd Kartoffelscheiben, Paprikawürfel, Zwiebelwürfel und Matjesstücke schichten. Das Ganze mit einer Schicht Kartoffelscheiben abschließen.

Die Eier mit der Milch in eine Schüssel geben und mit 1 El Mehl verquirlen. Die Eiermilch mit Salz und Pfeffer würzen und über den Auflauf gießen.

Die Semmelbrösel über das Gratin streuen und zuletzt den in Streifen geschnittenen Speck darauf verteilen.

Das Gratin in den auf 200 °C vorgeheizten Backofen geben und eine Stunde backen.

GEBACKENER CURRY-KABELJAU MIT KRÄUTERN

FÜR 4 PERSONEN

600 g Kabeljaufilet, gesalzen
Saft von 1 Zitrone
4 El weiche Butter
1 Tl Currypulver
je 2 El gehackte Petersilie und Dill
Paniermehl zum Besäuben

Das küchenfertige gesalzene Kabeljaufilet mit Zitronensaft einreiben.

Weiche Butter mit Currypulver vermischen und auf das Filet streichen.

Anschließend gehackte Petersilie und Dill über den Fisch streuen.

Den Kabeljau in eine leicht gefettete Auflaufform geben und mit Paniermehl bestreuen.

Im vorgeheizten Backofen bei 200 °C etwa 30 Minuten backen.

SCHOLLE IM TOMATENBETT

Die Tomaten auf dem Boden einer gefetteten Auflaufform verteilen. Danach mit Salz und Pfeffer, sowie den Zwiebelwürfeln bestreuen.

Die Schollen salzen und mit etwas Zitronensaft beträufeln. Mit der Hautseite nach oben auf das Tomatenbett legen.

Nun den Weißwein hinzugeben und die Form mit Alufolie verschließen.

Den Fisch im vorgeheizten Backofen bei 200°C etwa 20 Minuten garen.

Vor dem Servieren die Scholle mit etwas Petersilie oder Dill bestreuen.

Dazu Salzkartoffeln reichen.

TOMATEN-SCHELLFISCH-GRATIN

Tomaten über Kreuz einritzen, mit kochendem Wasser überbrühen, häuten, von Stielansätzen befreien, vierteln und das Fruchtfleisch würfeln.

Frühlingszwiebeln putzen, waschen, in Ringe schneiden und dabei die weißen und grünen Teile trennen.

Olivenöl in einem kleinen Topf erhitzen und die weißen Zwiebelringe darin andünsten.

Die geschälten Knoblauchzehen pressen und dazugeben.

Anschließend grüne Zwiebelringe und Tomatenwürfel hinzugeben und mit Salz und Pfeffer würzen. Pfefferkörner dazugeben und das Ganze 10 Minuten andünsten.

Das Schellfischfilet kalt abspülen, mit Küchenpapier trockentupfen, mit Zitronensaft beträufeln und mit Salz und Pfeffer würzen.

Die Filets in eine gefettete Auflaufform geben und die Zwiebel-Tomatensoße darauf verteilen.

Zum Schluss den Käse über das Gratin streuen und alles im auf 180 °C vorgeheizten Backofen 25 Minuten überbacken.

FISCHGRATIN MIT SHERRYSOSSE

600 g Endiviensalat, in Streifen geschnitten
800 g Kabeljaufilet
Saft von 1 Zitrone
Salz
Pfeffer
3 El Emmentaler
1 El Semmelbrösel
1 Tl Butter
1 Zwiebel, gewürfelt
50 ml Weißwein
80 ml halbtrockener Sherry
Zucker

Endiviensalat in kochendem Wasser ca. 2 Minuten blanchieren, in ein Sieb geben, abschrecken und gut abtropfen lassen.

Kabeljaufilet kalt abspülen, mit Küchenpapier trockentupfen, in 1 bis 2 cm breite Streifen schneiden, mit Zitronensaft beträufeln und mit Salz und Pfeffer würzen.

In eine gefettet Gratinform abwechselnd Endivien- und Kabeljaustreifen schichten.

Geriebenen Emmentaler mit Semmelbröseln vermischen und über das Gratin streuen.

Das Gratin in den auf 200 °C vorgeheizten Backofen geben und 35 Minuten backen.

In der Zwischenzeit für die Soße Butter in einem Topf zerlassen und Zwiebelwürfel darin andünsten. Weißwein und Sherry angießen, das Ganze sämig einkochen lassen und mit Salz, Pfeffer und Zucker würzen.

Die Soße zu dem gegarten Gratin servieren.

FISCHFILET MIT KRÄUTERFÜLLUNG

500 g weißes Fischfilet, gesalzen
Etwas Zitronensaft
150 ml gehackte Kräuter (Dill, Petersilie,
Schnittlauch etc.)
100 ml Fischbrühe
1 Schuss Weißwein
100 ml süße Sahne
50 g geriebener Käse

Fischfilet mit etwas Zitronensaft beträufeln. Kräuter nach Belieben auf dem Fischfilet verteilen. Das Fischfilet einrollen und in eine gefettete Auflaufform legen. Anschließend die Fischbrühe darüber gießen und nach Belieben etwas Weißwein hinzugeben.

Die Auflaufform mit Alufolie verschließen und den Fisch für 20 Minuten im auf 200 °C vorgeheizten Backofen garen.

Danach süße Sahne und geriebenen Käse verquirlen und darüber geben.

Den Fisch 5 Minuten im 250 °C heißen Backofen gratinieren, bis die Oberseite leicht braun wird.

Den Fisch heiß mit Salzkartoffeln und Salat servieren.

HERINGSSALAT MIT ROTER BETE

3 Salzheringe
250 g Pellkartoffeln, gepellt
2 Äpfel, geschält
100 g Gewürzgurken
200 g Rote Bete, eingelegt

Für die Salatsoße:
125 ml Fleischbrühe
6 El Weinessig
3 El Öl
1 El Zucker
Salz nach Belieben
Schwarzer Pfeffer aus der Mühle
$^1/_2$ Tl Ingwerpulver
1 El scharfer Senf,
2 hart gekochte Eier, in Scheiben geschnitten
1 El gehackter Dill

Heringe unter fließendem Wasser säubern, zum Entsalzen vollständig mit Wasser bedecken und über Nacht stehen lassen.
Herausnehmen, abtrocknen und die Haut abziehen. Gräten entfernen und Filets würfeln. In eine große Schüssel geben.
Kartoffeln, Äpfel, Gewürzgurken und Rote Bete in Würfel schneiden und mit dem Hering vermischen.
Für die Soße alle Zutaten mit einem Schneebesen verrühren, über die Salatzutaten gießen und mit einem Löffel vorsichtig unterheben. Wenn nötig, nachsalzen, denn der Salzgehalt ist von den Heringen abhängig, je nachdem, wie gut sie gewässert wurden.
Den Salat mindestens 1 Stunde durchziehen lassen. Mit den in Scheiben geschnittenen Eiern und Dill garnieren.

MARINIERTER STRÖMLING

1 kg Strömling, gereinigt und filetiert
Salz
Dill, gehackt
Paniermehl
1 El Fett
25 ml Weinessig
75 ml 12%igen reinen Alkohol
200 ml Wasser
200 ml Zucker
8 Pfefferkörner
1 Lorbeerblatt
1 rote Zwiebel, gehackt und etwas Dill
zum Garnieren

Die Fleischseite des Strömlings salzen und mit gehacktem Dill bestreuen.
Immer zwei Hälften zusammenlegen, in Paniermehl panieren und in Fett braten.
Die fertig gebratenen Strömlinge in eine tiefe Schüssel legen.
Die Marinade aus Weinessig, Alkohol, Wasser, Zucker, Pfefferkörnern und einem Lorbeerblatt in einem Topf zubereiten und aufkochen.
Die noch warme Marinade über die Strömlinge gießen.
Zum Garnieren eine gehackte rote Zwiebel und etwas Dill über den Fisch streuen.

FISCHDELIKATESSE MIT KRABBEN UND MUSCHELN

FÜR 4 PERSONEN

200 ml Fischbrühe
250 ml trockenen Weißwein
Salz
4 Pfefferkörner
1 Lorbeerblatt
Einige Porree-Ringe
600 g weißes Fischfilet
1 Dose Muscheln (250 g)
1 Dose Krabben im eigenen Saft (250 g)
250 g Reis
1 El Weizenmehl
150 ml süße Sahne
2 Eigelb
Salz
Pfeffer
Zitronensaft

Fischbrühe und ²⁄₃ des trockenen Weißweins mit Salz, Pfefferkörnern, Lorbeerblatt und Porree-Ringen 10 Minuten zugedeckt kochen lassen. Das Fischfilet in eine Kasserolle legen, die zuvor gekochte Brühe dazugeben und 10 Minuten lang köcheln. Muscheln in Wasser mit einigen Esslöffel trockenem Weißwein erwärmen.

Die Krabben separat in etwas Wein erwärmen. Den Reis kochen und abtropfen lassen. Anschließend den Reis in eine feuerfeste Schüssel geben, Fisch aus der Brühe nehmen und zusammen mit Muscheln und Krabben auf den Reis legen und mit einer Folie abdecken. Die Fischbrühe mit dem Saft der zuvor gekochten Muscheln vermischen und aufkochen. Weizenmehl und süße Sahne hineinquirlen. Die Soße einige Minuten kochen, dann von der Platte nehmen und Eigelb unterschlagen. Mit Salz, Pfeffer sowie Zitronensaft abschmecken und den mit der Soße übergossenen Fisch servieren.

SCHOLLE MIT BANANE

4 Schollen, ausgenommen,
gereinigt und gesalzen
Zitronensaft
Weizenmehl zum Wenden
1 geschlagenes Ei
Paniermehl
Etwas Butter
2 Bananen, halbiert

Gesalzene Schollen mit Zitronensaft einreiben. Den Fisch zunächst in Weizenmehl wenden, anschließend durch das geschlagene Ei ziehen und in Paniermehl wälzen.

Butter in einer Pfanne erhitzen und den Fisch darin goldbraun braten. Danach auf eine warme Platte legen. Erneut etwas Fett in die Pfanne geben und erhitzen.

Die 2 Bananenhälften darin ebenfalls goldbraun braten, auf den Fisch legen und die Butter aus der Pfanne darüber gießen.

Mit frischem Salat und Kartoffelbrei servieren.

CHAMPIGNONSCHOLLE

500 g Schollenfilet, gesalzen
Zitronensaft
100 ml Wasser
100 ml trockener Weißwein
4 Pfefferkörner
1 halbes Lorbeerblatt
1 Dose Champignons
2 El Zwiebeln, gehackt
Etwas Butter
2 ½ El Weizenmehl
300 ml Fischbrühe
300 ml süße Sahne
1 Eigelb
3 El Mayonnaise
1 geschlagenes Eiweiß
Etwas geriebener Käse

Das gesalzene Schollenfilet mit Zitronensaft einreiben. Die Filets leicht rollen und in eine gefettete Form legen.

Wasser, Weißwein, Pfefferkörner und das Lorbeerblatt hinzugeben.

Die Form mit einer Folie oder einem Deckel abdecken und den Fisch bei 225 °C etwa 15 Minuten im vorgeheizten Backofen garen.

Anschließend die Brühe durch ein Sieb in eine Schüssel gießen.

Champignons abtropfen lassen und mit Zwiebeln in Butter anbraten. Nun Weizenmehl, Fischbrühe und zusätzlich 300 ml von der fertigen Fischbrühe hinzugeben. Anschließend süße Sahne und Eigelb unterziehen. 3 El Mayonnaise einrühren und unter ständigem Rühren das geschlagene Eiweiß in die Soße mischen und alles in die Form mit dem Fisch geben.

Mit geriebenem Käse bestreuen und bei 250 °C etwa 5 Minuten gratinieren.

FORELLE MIT MANDELGESCHMACK

FÜR 4 PERSONEN

3–4 kleine Forellen, ausgenommen,
geschuppt und filetiert
Salz
Zitronensaft
1 geschlagenes Ei
2 El Mehl
4 El Paniermehl
Salz
Pfeffer
Etwas Butter
50 g Mandelsplitter
Gehackte Petersilie

Fische salzen und mit Zitronensaft beträufeln. Die Filets durch das geschlagene Ei ziehen und mit einer Mischung aus Mehl, Paniermehl, Salz und Pfeffer panieren. Butter in einer Pfanne erhitzen, bis diese leicht braun wird. Dann den Fisch darin von beiden Seiten goldbraun braten. Fisch aus der Pfanne nehmen, auf einen Servierteller legen und warm stellen.

Unterdessen Mandelsplitter in der Pfanne mit etwas Fett goldgelb braten.

Den Fisch mit etwas gehackter Petersilie bestreuen, etwas Zitronensaft darüber geben und die Mandeln gleichmäßig darauf verteilen.

Wenn Sie einen intensiveren Mandelgeschmack wünschen, braten Sie zuerst die Mandeln und danach den Fisch im Mandelfett. Wahlweise können Sie etwas geriebene Mandeln zu der Panade geben. Reichen Sie zur Forelle Salzkartoffeln oder Kartoffelpüree, Salat und nach Belieben Preiselbeeren.

LACHS IN MAYONNAISE

FÜR 4 PERSONEN

Gehen Sie an eines der vielen Lachsgewässer und
fangen Sie einen Lachs von ca. 1 kg.
Sollte das nicht klappen, kaufen Sie einen frischen
oder gefrorenen Lachs.

1 kg frischer oder gefrorener Lachs
1 l Wasser
ca. ½ El Salz
Etwas Porree, Sellerie und eine Möhre
Einige Nelken
Etwas Thymian
2 Lorbeerblätter
Einige Pfefferkörner
Saft von 1 Zitrone
400 g Mayonnaise
500 ml trockener Weißwein

Den Lachs filetieren, die Fischabfälle mit Wasser, geputztem und klein geschnittenem Gemüse, Gewürzen und Zitronensaft aufkochen und ca. 45 Minuten köcheln lassen.

Danach den Sud durch ein Sieb gießen und wieder in den Topf füllen, den Lachs zufügen und auf kleiner Flamme gar ziehen lassen. Der Fisch soll im Fond erkalten. Nun die Mayonnaise mit dem Weißwein verrühren.

Den kalten Lachs in Scheiben schneiden und mit der Weißwein-Mayonnaise übergießen.

Mit Salat oder Champignons garnieren.

RÄUCHERLACHS AN BLATTSPINAT

50 g Lollo Rosso
50 g Friséesalat
50 g Eisbergsalat
3 El Walnussöl
3 El Balsamessig
2 El Pinienkerne
1 El Sonnenblumenkerne
Weißer Pfeffer aus der Mühle
100 g Räucherlachs, in dünne Scheiben geschnitten
Vollkorn- oder Sauerteigbrot

Die Salate waschen, trockenschleudern und die Blätter zerpflücken. Den Salat anschließend auf vier Tellern verteilen.

Das Walnussöl mit dem Balsamessig vermischen und über die Blätter träufeln.

Nun die Pinienkerne zusammen mit den Sonnenblumenkernen in einer Pfanne, ohne Zugabe von Fett, goldgelb anbraten und über den Salat streuen. Mit weißem Pfeffer abschmecken.

Zuletzt den Räucherlachs an den Salat legen und mit Vollkorn- oder Sauerteigbrot servieren. Dazu schmeckt ein kühler Aquavit.

MARINIERTE LACHSKOTELETTS

4 Lachskoteletts (je ca. 125 g)
Zitronensaft
Salz
Pfeffer
Etwas Öl

Die Lachskoteletts gleichmäßig mit Zitronensaft beträufeln, mit Salz und Pfeffer würzen und 2 Stunden ziehen lassen.

Die Koteletts auf ein mit Öl eingestrichenes Grillrost legen und von jeder Seite etwa 7 Minuten garen.

LUSTENS LACHSTERRINE

FÜR 2 PERSONEN

175 g Lachsfilet
1 Ei
80 ml Sahne,
2 Prisen Salz
Pfeffer aus der Mühle
½ Tl Fischbouillonpulver
½ Tl Gelatinepulver
2 Tl Kartoffelmehl
2 Zweige Dill
1 Zweig Petersilie

Für die Soße:
100 g Crème fraîche
2 Tl Mayonnaise
1 Tl Senf
Salz
Grob gemahlener, schwarzer Pfeffer

Einige dünne Scheiben aus dem Filet schneiden. Alle übrigen Zutaten in einer Küchenmaschine zu einer Mousse verarbeiten.

Die Terrinenform einfetten, dann die Mousse zur Hälfte einfüllen. Anschließend Filetscheiben einlegen und die restliche Mousse darauf verstreichen. Soßenzutaten miteinander verrühren. Die Terrine mit der Soße übergießen und bei 200 °C ca. 35 Minuten backen.
Die Terrine in Scheiben schneiden und mit Reis servieren.

SEELACHSFILET MIT KÄSEKRUSTE

FÜR 4 PERSONEN

400 g Möhren, geputzt und in
dünne Scheiben geschnitten
250 ml kochende Gemüsebrühe
400 g Porree, der Länge nach halbiert, gewaschen
und in dünne Scheiben geschnitten
4 El Sonnenblumenöl
Salz
Pfeffer
800 g Seelachsfilet
Saft von ½ Zitrone
200 g Kräuter-Crème fraîche
400 g Fetaschelben

Möhren in Gemüsebrühe geben und 10 Minuten darin garen. Danach durch ein Sieb abschütten und gut abtropfen lassen.

Sonnenblumenöl in einer großen Pfanne erhitzen. Porree in die Pfanne geben, 5 Minuten andünsten und mit Salz und Pfeffer würzen.
Seelachsfilet kalt abspülen, mit Küchenpapier trockentupfen und Zitronensaft beträufeln. Mit Salz und Pfeffer würzen und etwas ziehen lassen.
Die Kräuter-Crème fraîche in einer Schüssel glatt rühren und mit Salz und Pfeffer abschmecken.
Porree auf dem Boden einer gefetteten Gratinform verteilen und mit 100 g Fetascheiben belegen. Darauf das Fischfilet und die Möhren geben. Insgesamt mit 100 g Fetascheiben bedecken. Crème fraîche darüber streichen und zum Schluss wieder 100 g Fetascheiben auflegen. Das Gratin in den auf 200 °C vorgeheizten Backofen geben und 35 Minuten backen.

LACHSFILET AN GEMÜSEPÜREE

FÜR 4 PERSONEN

Saft von 2 Zitronen
2 Frühlingszwiebeln, in feine Ringe geschnitten
4 El Olivenöl
4 Lachsfiletstücke (je ca. 250 g)
1 Zitrone, in Scheiben geschnitten
Fenchelstängel nach Belieben
2 Kartoffeln, geschält
1 Kohlrabi, geschält
2 El Butter
Salz
Pfeffer

Den Zitronensaft mit Frühlingszwiebeln und Olivenöl vermischen.

Lachsfiletstücke 10 Minuten in diese Marinade legen und ziehen lassen. Anschließend die Filets auf Alufolienstreifen verteilen.

Auf jedes Filetstück eine ganze Frühlingszwiebel, eine Zitronenscheibe und nach Belieben einen Fenchelstängel legen und mit der Alufolie alles gut bedecken.

Die 4 eingewickelten Lachsfilets für 20 Minuten im auf 200 °C vorgeheizten Backofen garen.

Inzwischen Kartoffeln und Kohlrabi klein schneiden und in kochendes Wasser geben, bis das Gemüse weich ist. Anschließend Wasser abgießen und Gemüse pürrieren. Dabei Butter unterziehen und mit Salz und Pfeffer abschmekken.

Nach der Garzeit den Lachs aus der Folie nehmen, mit dem Püree anrichten und servieren.

LACHSFILET IN FOLIE

FÜR 4 PERSONEN

Frischer Thymian
Frischer Rosmarin
4 Lachsfiletstreifen (je ca. 250 g)
8 Lorbeerblätter
8 Tl Zitronensaft
300 g Reis
2 Knoblauchzehen, fein gehackt
Etwas Olivenöl
2 Msp. Safran

Außerdem:
Alufolie

Vier gleich große Stücke Alufolie mit frischem Thymian und Rosmarin begelegen. Darauf die Lachsfilets verteilen.

Je 2 Lorbeerblätter darauf geben, mit 2 Tl Zitronensaft beträufeln und die Folie verschließen. Im Backofen, der auf 200 °C vorgeheizt wird, 35 Minuten garen.

Inzwischen den Reis kochen und abkühlen lassen. Knoblauchzehen in einer Pfanne mit etwas Olivenöl leicht anrösten und den Reis hinzugeben. Nach etwa 3 Minuten Bratzeit Safran hinzufügen und alles gut umrühren.

Den Reis auf vier Teller verteilen, den Lachs in der Folie daneben anrichten und heiß servieren.

LACHSSALAT MIT NUDELN

FÜR 4 PERSONEN

200 g Nudeln
3 El Olivenöl
3 El Balsamessig
¹/₂ Tl getrockneter Oregano
2 Knoblauchzehen, gepresst
¹/₄ Tl Senf
¹/₈ Tl gemahlener Pfeffer
100 g Schnittkäse, gewürfelt
400 g gekochter Lachs, gewürfelt
3 El rote Zwiebelwürfel
¹/₄ Kopf Friséesalat, in Streifen geschnitten
2 Tomaten, in Spalten geschnitten
Weiß- oder Fladenbrot

Nudeln nach Anweisung zubereiten, kalt abschrecken und abtropfen lassen.
Olivenöl, Balsamessig, Oregano, gepresste Knoblauchzehen, Senf und gemahlenen Pfeffer vermischen.
Die gegarten Nudeln mit Schnittkäse, gekochtem Lachs, roten Zwiebelwürfeln und Friséesalat vermischen.
Anschließend das Dressing darüber geben und erneut alles sorgfältig durchmischen.
Kurz vor dem Servieren Tomaten unterheben.
Dazu Weiß- oder Fladenbrot reichen.

GEKOCHTER LACHS IN SCHEIBEN

FÜR 4 PERSONEN

1 l Wasser
Saft von ¹/₂ Zitrone
1 ¹/₂ El Salz
1 Lorbeerblatt
1 kleine Zwiebel
4 Pfefferkörner
Etwas Dill
1 kg Lachs

Wasser, Zitronensaft, Salz, Lorbeerblatt, Zwiebel, Pfefferkörner und etwas Dill in einer Kasserolle 10 Minuten kochen lassen.
Den ausgenommenen Lachs ohne Kopf, Schwanz und Flossen abschuppen und rundherum reinigen. Anschließend in gleichmäßige Stücke teilen und in die Kasserolle mit der Brühe legen. Mit einem Deckel oder einer Folie verschließen und den Fisch für etwa 10 Minuten darin kochen lassen.
Den gegarten Lachs mit frischem Salat und Salzkartoffeln servieren.

MUSCHELN IN WEIN GEKOCHT

40 frische Muscheln
200 ml trockener Weißwein
1 Zwiebel, in Scheiben geschnitten
Thymian
1 Lorbeerblatt
2 El gehackte Petersilie

Muscheln reinigen und alle geöffneten Muscheln aussortieren.
Weißwein mit Zwiebelscheiben, Thymian und dem Lorbeerblatt aufkochen. Muscheln hinzugeben und bei geschlossenem Topf kräftig aufkochen. Gelegentlich den Topf schütteln und so lange kochen, bis sich die Muscheln öffnen. Die leeren Schalenhälften vor dem Servieren abbrechen und das Muschelfleisch mit der gehackten Petersilie bestreuen.

LACHSRÖSTINI

3 Kartoffeln, gekocht
600 g Lachsfilet
2 Eigelb
4 El Schnittlauchröllchen
Salz, Pfeffer
Mehl
Etwas Olivenöl
Frisée- oder Eisbergsalat

Für das Dressing:
1 Becher Joghurt
3 El Weißweinessig
1 El Walnussöl
1 El Honig
2 Msp. schwarzer Pfeffer

Kartoffeln und Lachsfilet getrennt voneinander pürieren. Sobald beides gleichmäßig püriert ist, zusammengeben und gut vermengen. Eigelb und Schnittlauchröllchen hinzufügen und gut mit der Masse vermischen. Die Mischung mit Salz und Pfeffer abschmecken.
Danach aus diesem Teig Frikadellen formen, diese in Mehl wenden und 25 Minuten ruhen lassen.
Anschließend in etwas Olivenöl goldgelb braten. Dazu einen leichten Salat aus Frisée- oder Eisbergsalat reichen.
Als Dressig eignet sich eine Mixtur aus Joghurt, Weißweinessig, Wallnussöl, Honig und schwarzem Pfeffer.

FRITTIERTE KRABBEN

Die Krabben reinigen Weizenmehl und Paprikapulver in eine Schale geben.

Nun das Pils Bier hinzugeben und gut verrühren. Nicht schlagen, damit der Teig keine Blasen schlägt. Zum Frittieren das Öl auf etwa 180 °C erhitzen Eiweiß mit etwas Salz verquirlen. Die Krabben zuerst im Eiweiß, dann im Mehl-Bierteig wenden und frittieren, bis sie knusprig goldbraun sind. Aus dem Fett nehmen und auf Küchenpapier abtropfen lassen.

Petersilie darüber streuen und servieren.

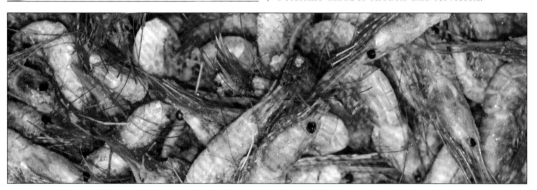

LACHSHÄPPCHEN

Die Lachsfiletstreifen mit Zitronensaft beträufeln und mit Salz und Pfeffer würzen. Auf jeden Lachsstreifen 1 Basilikumblatt legen, jeweils in eine halbe geräucherte Schinkenscheibe einrollen und mit einem Cocktailspieß befestigen.

Anschließend die Häppchen kurz in einer Pfanne mit Pflanzenöl anbraten.

Dazu ein Dressing aus saurer Sahne, gehackter Zitronenmelisse geriebener Zitronenschale, Salz, Pfeffer und etwas Zitronensaft reichen.

KRABBENSALAT

Krabben reinigen, Garnelen aus der Schale nehmen und den Darm entfernen. Das Garnelenfleisch zum Garnieren beiseite legen.

Den Salat auf 4 Glasschalen verteilen. Zunächst die Champignons und anschließend die Krabben anrichten.

Mayonnaise, Sahne, Senf, Chilisauce, Orangensaft und Sherry zu einem Dressing verrühren. Dieses über die Krabben geben.

Mit Garnelenfleisch, Zitronen- und Orangenscheiben sowie Dill garnieren und servieren.

MUSCHELGRATIN

Muscheln abtropfen lassen und auf dem Boden einer gebutterten Auflaufform verteilen.

Zwiebeln in eine Schüssel geben, Knoblauchzehen darüber auspressen und gut vermischen. Nun die Zwiebeln-Knoblauch-Mischung über die Muscheln geben. Etwas salzen, pfeffern und einige Butterflöckchen aufsetzen.

Das Muschelgratin etwa 10 Minuten in dem auf 250 °C vorgeheizten Backofen auf mittlerer Schiene garen.

SALAT MIT KRABBEN, REIS UND MUSCHELN

¼ Eisbergsalat, in Streifen geschnitten
4 El Weißwein
4 El Öl
Salz
Pfeffer
Thymianblättchen
400 g gekochter, kalter Reis
300 g Krabben, gereinigt
3 Tomaten, in Stücke geschnitten
1 Dose Spargel (300 g)
1 Dose Muscheln (250 g)

Eisbergsalat auf dem Boden einer Salatschüssel verteilen.

Weißwein, Öl, Salz, Pfeffer und Thymian in einem Mixbecher schütteln. Anschließend den Reis mit der Hälfte des Dressings vermischen und 10 Minuten ziehen lassen.

Krabben, Spargel und die Muscheln abtropfen lassen.

Spargel, Muscheln, Reis, Tomatenstücke und die Krabben auf den Salat schichten und das verbliebene Dressing darüber geben oder separat servieren.

SALAT MIT GARNELEN

2 gekochte Garnelen
1 Kopfsalat, in Streifen geschnitten
Etwas Zitronensaft
Etwas Dill, gehackt
1 Dose Erbsen (200 g)
1 Dose Spargelspitzen (225 g)
1 Dose Ananas in Stücken (225 g)
2 El Rotwein
3 El Öl
Salz
Pfeffer

Garnelen reinigen, das Fleisch herausnehmen und den Darm entfernen.

Die Salatblätter auf den Boden einer Salatschüssel legen. Zitronensaft über die Blätter geben und mit Dill bestreuen.

Erbsen, Spargelspitzen und Ananas abtropfen lassen und auf dem Salat verteilen. Das Garnelenfleisch hinzufügen und mit gehacktem Dill versehen.

Nun Rotwein, Öl, Salz und Pfeffer zu einem Dressing verrühren und vor dem Servieren über die Krabben gießen.

BUNTER RÄUCHERFISCHAUFLAUF

FÜR 4 PERSONEN

400 g Tomaten
250 g frische Erbsen
1 Dose Mais
1 Bund glatte Petersilie
250 g geräuchertes Makrelenfilet
3 Eier
5 El Milch
Salz
Pfeffer
5 El geriebener Pecorino
Einige Butterflöckchen

Tomaten mit einem Messer über Kreuz einritzen und nach dem Überbrühen enthäuten. Anschließend von den Stielansätzen befreien, halbieren, entkernen und das Fruchtfleisch würfeln.

Erbsen in kochendem Salzwasser 3 Minuten blanchieren, in ein Sieb geben, kalt abschrecken und gut abtropfen lassen.

Danach den Mais in ein Sieb geben und ebenfalls gut abtropfen lassen.

Petersilie waschen, trockentupfen, die Blätter von den Stielen zupfen, sehr fein hacken und mit Erbsen und Mais vermischen.

Das geräucherte Makrelenfilet enthäuten, entgräten, in mundgerechte Stücke teilen und in eine gefettete Auflaufform geben. Die Erbsen-Mais-Mischung darauf verteilen.

Nun Eier mit Milch verquirlen, mit Salz und Pfeffer abschmecken und über das Gemüse gießen.

Zum Schluss den geriebenen Pecorino über den Auflauf streuen und einige Butterflöckchen aufsetzen. Das Gratin in den auf 200 °C vorgeheizten Backofen geben und 20 Minuten backen.

KRABBENCOCKTAIL

FÜR 4 PERSONEN

500 g Garnelen
100 ml süße Sahne
50 ml Mayonnaise
50 ml Zitronensaft
1 El milde Chilisoße
1 El Sherry
1 El edelsüßes Paprikapulver
1 rote Paprikaschote, entkernt und fein gehackt

Garnelen reinigen, das Fleisch vorsichtig aus der Schale nehmen und auf vier Portionsgläser verteilen.

Süße Sahne, Mayonnaise, Zitronensaft, Chilisoße, Sherry und Paprikapulver zu einem Dressing verrühren.

Anschließend die fein gehackte Paprikaschote in das Dressing rühren. Die Soße über das Garnelenfleisch geben und servieren.

MARINIERTE MUSCHELN MIT SAUCE HOLLANDAISE

FÜR 4 PERSONEN

1 Dose Muscheln (425 g) in eigenem Saft
1 El Weinessig
4 El Öl
2 Knoblauchzehen
Salz
Weißer Pfeffer aus der Mühle
3 El gehackte Petersilie
3 El gehackter Porree
3 Eigelb
150 g weiche Butter
Etwas Wasser
Zitronensaft

Muschelsaft in eine Kasserrolle geben und aufkochen, bis die Hälfte davon verkocht ist.

Weinessig, Öl, Knoblauchzehen, Salz, Pfeffer sowie gehackte Petersilie und Porree zu einer Marinade verrühren. Die Muscheln für 6 Stunden hinzugeben und ziehen lassen.

Eigelb mit 3 El heißer Muschelbrühe in einem Wasserbad von etwa 60 °C aufschlagen.

Nun die weiche Butter in kleinen Stücken unter ständigem Rühren hinzugeben.

Sollte die Soße zu dickflüssig werden, etwas Wasser angießen. Mit Salz, Pfeffer und Zitronensaft abschmecken.

Die Muscheln auf vier Teller verteilen und mit der Soße servieren.

REISGERICHT MIT KRABBEN

FÜR 4 PERSONEN

200 g gekochter Schinken, gewürfelt
100 g Salami, gewürfelt
2 El Öl
1 Zwiebel, gehackt
1 Knoblauchzehe, fein gehackt
2 Tomaten
Je 1 grüne und rote Paprikaschote,
entkernt und in Streifen geschnitten
3 El Petersilie, gehackt
Etwas Thymian
1 Lorbeerblatt
600 ml klare Brühe
200 g Langkornreis
200 g Krabbenfleisch
225 g Bohnen, gegart
Salz
Pfeffer
Paprikapulver

Schinken mit den Salamiwürfeln in Öl anbraten und beiseite stellen, Zwiebel und Knoblauchzehe im Schinkenfett anbraten und in eine Servierschale geben.

Tomaten heiß überbrühen, kalt abschrecken, enthäuten und in Stücke schneiden. Die Tomatenstücke und Paprikastreifen danach ebenfalls in die Schale geben. Petersilie, Thymian und Lorbeerblatt darüber streuen.

Nun die Brühe aufkochen, Langkornreis hineingeben und diesen bei schwacher Wärmezufuhr 20 Minuten aufquellen lassen.

Anschließend Schinken-Mischung, Krabbenfleisch und Bohnen zur Brühe hinzugeben. In einem geschlossenen Topf bei geringer Wärmezufuhr ca. 8 Minuten erhitzen. Danach mit Salz, Pfeffer, Paprikapulver abschmecken und in die Servierschale gießen.

FISCHAUFLAUF MIT SAFRAN

FÜR 1 PORTIONEN

400-500 g Kabeljau Filet
300 ml Sahne
1 Msp Safran
1 TL edelsüß Paprika
Salz
Weißer Pfeffer aus der Mühle

Den Kabeljau in eine Auflaufform legen. Anschließend die Sahne mit Safran, Paprika, etwas Salz und weißem Pfeffer abschmecken und über den Fisch gießen.

Den Auflauf bei ca. 200 °C für 30–40 Minuten im Backofen überbacken (Zeit abhängig von der Fischgröße).

Dazu passen Kartoffeln oder Reis und grüner Salat mit einer leichten Joghurtsoße.

MUSCHELN MIT SPINAT

FÜR 4 PERSONEN

1 Dose Muscheln in Wasser (425 g)
1 El Weinessig
3 El Olivenöl
2 El milde Chilisoße
3 El Zwiebeln, gehackt
Salz
Pfeffer
Estragon
225 g Blattspinat
4 Tomaten, in Scheiben geschnitten

Die Muscheln abtropfen lassen. Unterdessen eine Marinade aus Weinessig, Olivenöl, Chilisoße, Zwiebeln, Salz, Pfeffer und Estragon zubereiten. Darin die Muscheln etwa 2 Stunden ziehen lassen.

Nun den Blattspinat auftauen und so viel Wasser wie möglich abschütten bzw. verdampfen lassen und mit Salz und Pfeffer abschmecken.

Muscheln in eine Servierschale legen und etwas Marinade darüber geben.

Zur einen Seite der Muscheln den Spinat geben und zur anderen Seite die Tomaten, die mit den Zwiebeln aus der Marinade belegt werden.

Reichen Sie dazu gekochten Reis.

MUSCHELN IN SHERRYSOSSE

FÜR 4 PERSONEN

400 ml Wasser
200 g Langkornreis
1 El Margarine
Salz
Pfeffer
1 Dose Muscheln in Wasser (425 g)
100 ml trockener Sherry
Saft von 1 Zitrone
100 g Cashewkerne, gehackt

Wasser aufkochen, Langkornreis hinzugeben und bei schwacher Wärmezufuhr 20 Minuten quellen lassen. Danach Margarine einrühren. Reis abgießen und mit Salz und Pfeffer abschmecken.

Die Muschelbrühe mit 3 El Wasser aufwärmen, anschließend Sherry sowie Zitronensaft hinzugeben, dabei unter ständigem Rühren aufkochen lassen.

Muscheln vorsichtig hinzufügen, aufwärmen, mit Salz und Pfeffer würzen und mit gehackten Cashewkernen verfeinern.

Das Gericht heiß servieren.

MATJES

8 Matjesfilets
250 ml Milch
Wasser
80 g Butter
4 Zwiebeln, in dünne Scheiben geschnitten
500 g Kartoffeln
Butter für die Form
Salz
Weißer Pfeffer aus der Mühle
250 ml Sahne

Matjesfilets in eine Schüssel geben. Mit Milch und so viel Wasser übergießen, dass die Filets bedeckt sind. Zugedeckt 3 – 4 Stunden wässern.

Die Butter in einer Pfanne erhitzen und Zwiebeln darin 5 Minuten lang glasig dünsten.

Kartoffeln schälen, waschen, auf Haushaltspapier legen und trockentupfen. In hauchdünne Scheiben schneiden.

Matjesfilets unter fließendem Wasser abspülen, mit Haushaltspapier trockentupfen. In Streifen schneiden und dabei die Gräten entfernen.

Eine feuerfeste Form dick mit Butter einfetten. Die Hälfte der Kartoffelscheiben hineingeben und anschließend schwach salzen und pfeffern. (Nicht zuviel Salz, da die Matjesfilets salzig sind.) Dann die Zwiebel hineingeben.

Darüber die Fischstreifen geben und zum Schluss die restlichen Kartoffeln verteilen. Erneut leicht salzen und pfeffern. 125 ml Sahne übergießen und die restliche Butter in Flöckchen darauf setzen.

Auf die unterste Schiene in den vorgeheizten Ofen stellen. Bei 200 °C 50 Minuten backen.

30 Minuten vor Ende der Garzeit die restliche Sahne über das Gericht gießen.

Als Beilage eignet sich ein gemischter Salat.

GEMÜSE

FRISCH UND KNACKIG

Frisches knackiges Gemüse darf bei keinem guten Essen fehlen. In Butter gedünstet oder mit einer köstlichen Béchamelsoße serviert, ist es immer eine Gaumenfreude.
In unseren Wäldern wachsen viele Pilze. Es gibt Pfifferlinge in großen Mengen und auch Steinpilze von bester Qualität. Auch runden die Mandelpotatis, kleine Kartöffelchen, die in der Schale gekocht werden, viele Gerichte sehr schmackhaft ab.

JANSSONS VERSUCHUNG

Kartoffeln schälen, in 5 cm lange dünne Stifte schneiden und in kaltes Wasser legen. Sardellenfilets abtropfen lassen (das Öl dabei auffangen), abwaschen und zerkleinern. Anschließend eine große, sowie flache feuerfeste Form mit Butter ausstreichen und den Backofen auf 220 °C vorheizen. Kartoffeln abgießen und mit Küchenkrepp trockentupfen. Die Hälfte der Kartoffeln mit Zwiebelscheiben mischen und in die Form füllen. Sardellenstückchen darauf verteilen und die restlichen Kartoffeln darüber geben. Die Mischung mit einem Bratenwender festdrücken. Etwas Sardellenöl darüber träufeln und die Sahne über den Auflauf gießen. Nun den Auflauf mit Semmelbröseln bestreuen und Butter in Flöckchen darauf verteilen. Im vorgeheizten Backofen auf der zweiten Schiebeleiste von unten etwa 60 Minuten backen.
Dazu passt grüner Salat. (Abb. nächste Seite)

GRILLGEMÜSE

Frühlingszwiebeln und Zucchini putzen und in ca. 3 cm große Stücke schneiden. Anschließend Kirschtomaten und Champignons waschen, die Champignons ggf. halbieren. Abwechselnd die vier verschiedenen Gemüsesorten auf Spieße stecken.

Eine Marinade aus Zitronensaft, Olivenöl, Pfeffer, Salz und gehackter Petersilie auf das Gemüse streichen. Die Marinade kurz einziehen lassen und die Spieße rundum ca. 7 Minuten grillen.

RAHMKARTOFFELN

Die Kartoffeln schälen, waschen und je nach Größe halbieren oder vierteln. In einem großen Topf Milch und Butter langsam zum Kochen bringen und die Kartoffeln mit dem Salz hinzufügen. Kartoffeln bei schwacher Hitze etwa 30 Minuten in der Milch garen. Rahmkartoffeln mit Salz und Pfeffer abschmecken und mit der frischen Petersilie bestreuen.

GEFÜLLTE TOMATEN

FÜR 4 PERSONEN

2 große Fleischtomaten
Pfeffer
Salz
1 Zwiebel
100 g Schwedenhappen, abgetropft
4 El Rote Bete, aus dem Glas
4 El Dill, gehackt
8 El Sauerrahm
Zucker
Zitronensaft

Tomaten abspülen und trockentupfen. Quer halbieren, aushöhlen und austropfen lassen. Innen salzen und pfeffern.

Zwiebel hacken und Rote Bete klein schneiden. Schwedenhappen, Zwiebeln, Rote Bete, Dill und Sauerrahm vermengen. Mit Zucker und Zitronensaft abschmecken, in die Tomatenhälften füllen und servieren.

HASSELBACK POTATIS
MIT PARMESANHÄUBCHEN

Obwohl dieses Gericht mit Parmesankäse überbacken wird, ist es typisch schwedisch. Die Fächerkartoffeln reicht man anstelle anderer Kartoffelbeilagen zu Fisch- oder Fleischspeisen. Sie sind zwar kalorienreich, schmecken aber besonders gut.

FÜR 4 PERSONEN

1,2 kg mittelgroße Kartoffeln
Margarine zum Einfetten
Salz
80 g Butter
4 El Parmesankäse

Kartoffeln schälen, waschen und mit Haushaltspapier trockentupfen. Anschließend in ½ cm dicke Scheiben schneiden, jedoch so, dass die Kartoffeln unten noch zusammenhängen. Am besten legt man sie dazu auf einen Esslöffel, um zu verhindern, dass die Scheiben ganz durchgeschnitten werden. Die Auflaufform mit Margarine einfetten. Kartoffeln dicht nebeneinander, mit der zusammenhängenden Seite nach unten hineinlegen. Salzen und mit Butterflöckchen belegen.

In den vorgeheizten Ofen auf die mittlere Schiene stellen. Während des Backens blättern die Kartoffel fächerartig auf. Bei 200 °C etwa 60 Minuten garen.

Nach 30 Minuten der Backzeit die Kartoffeln hin und wieder mit Butter aus der Form bepinseln. 5 Minuten vor Ende der Garzeit mit Parmesankäse bestreuen. Danach sofort servieren.

KARTOFFELKLÖSSE SMILLA

FÜR 4 PERSONEN

Für die Klöße:
1 kg Kartoffeln
120 g Mehl
1 Eigelb
2 El Kapern
Salz
Weißer Pfeffer aus der Mühle

Für die Füllung:
150 g Speck, durchwachsen
2 Zwiebeln
20 g Butter
¼ Tl Piment

Außerdem:
4 El Preiselbeerkompott

Kartoffeln unter fließendem Wasser abbürsten. In gesalzenem Wasser 30 Minuten lang kochen. Kartoffeln abschrecken, abziehen und durch eine Presse in eine Schüssel geben. Abkühlen lassen. Mehl, Eigelb und abgetropfte Kapern darüber geben, alles gut durchkneten und mit Pfeffer und Salz abschmecken.

Salzwasser in einem großen Topf aufkochen.

In der Zwischenzeit für die Füllung Speck würfeln. Zwiebeln schälen und sehr fein hacken. Butter in einer Pfanne zerlassen, Speck und Zwiebeln hineingeben und 10 Minuten bei mittlerer Hitze anbraten. Anschließend mit Piment würzen.

Aus dem Kartoffelteig mit bemehlten Händen Klöße von 4 cm Durchmesser formen. In die Mitte ein Loch drücken etwas Füllung hinein geben und den Kloß wieder schließen. Einen Probekloß von ca. 4 cm Durchmesser formen. Ins kochende Wasser geben und 10 Minuten lang gar ziehen lassen. Sobald er fertig gekocht ist, das Wasser erneut zum Kochen bringen und die Hälfte der Klöße darin in 10–15 Minuten garen. Herausnehmen und abtropfen lassen. Auf einer vorgewärmten Platte anrichten und warm stellen, bis die restlichen Klöße fertig sind.

Mit Preiselbeerkompott garniert servieren. Diese Klöße passen besonders gut zu Kasselerbraten.

SOMMERTOPF

FÜR 4 PERSONEN

1 kleiner Blumenkohl
1 Bund zarte Möhren (ca. 200 g)
6–8 kleine neue Kartoffeln, ungeschält
200–300 ml Gemüsebrühe
150 g Zuckererbsen
4–5 Frühlingszwiebeln
1 zarte Porreestange
2 El Petersilie, fein gewiegt

Blumenkohl putzen und in Röschen teilen.
Die Möhren putzen und klein schneiden.
Die Kartoffeln gründlich waschen. Alles in einen
ausreichend großen Topf geben. Gemüsebrühe
einfüllen und Kartoffeln und Gemüse darin
zugedeckt ca. 15 Minuten kochen, bis das Gemüse gerade weich aber noch bissfest ist.
Zuckererbsen und Zwiebeln waschen, die Zwiebeln eventuell halbieren und den Porree in 4-5
cm lange Stücke schneiden. Erbsen, Zwiebeln
und Porree in den Topf geben und mit fein gewiegter Petersilie bestreuen.
Das Gericht wird warm mit Baguettebrot und je
nach Wusch mit gekochtem Schinken, Kasseler
oder geräuchertem Fisch serviert.

WURZELGEMÜSE

FÜR 4 PERSONEN

2 Zwiebeln
¼ Kohlrübe
2 Mohrrüben
¼ Sellerieknolle
1 Pastinake
1 Dose Tomaten (400 g), feingewürfelt
Salz
½ Tl grob gemahlenen Pfeffer
1 Lorbeerblatt
2 Tl Thymian
(300 ml Gemüsebouillon)
Petersilie

Zwiebeln und übriges Gemüse schälen. Das
Gemüse würfeln und die Zwiebeln fein
schneiden. Alles in einem Topf mischen und To-
maten sowie Gewürze zufügen.
Zugedeckt bei schwacher Hitze solange dünsten,
bis das Gemüse weich ist.
Falls nötig mit der Bouillon auffüllen. Mit
gewiegter Petersilie bestreuen.
Dieses Gemüse wird zu Schweinebraten oder
Wurst serviert.

GRÜNER KUCHEN

FÜR 6 PERSONEN

Für den Boden:
150 g Butter
180 g Weizenmehl
3 El Wasser

Für die Füllung:
250 g Brokkoli
1 Tl Salz pro Liter Wasser
1 große Porreestange
500 g Spinat
1–2 Knoblauchzehen
1 Stäußchen Petersilie
2 El Butter oder Margarine
300 g geriebener Käse
3 Eier
200 ml Milch
200 ml Sahne
Salz
Pfeffer
Fett zum Braten

Butter, Mehl und Wasser vermengen und zu einem Teig kneten.

Brokkoli putzen, in leicht gesalzenem Wasser bissfest kochen. Anschließend gut abtropfen lassen.

Porree waschen, in Ringe schneiden und in einer Pfanne mit Fett leicht anbraten. Spinat und gepressten Knoblauch zufügen.

Eine Form (z.B. Auflaufform 20 x 30 cm) mit dem Teig auskleiden und die Kanten mit Alufolie abdecken. Den Boden etwa 10 Minuten bei ca. 200 °C backen.

Die Folie entfernen, den Boden mit einer Schicht geriebenem Käse bedecken, darauf eine Lage Brokkoli geben und schließlich die Spinat-Porreemasse sowie die gewiegte Petersilie darauf verteilen.

Eier mit Milch und Sahne verquirlen, je nach Wunsch mit etwas Salz und Pfeffer anschmecken. Den restlichen Käse über das Gemüse streuen und anschließend die Eiermilch darüber gießen. Den Kuchen im unteren Teil des Ofens ca. 30 Minuten bei 200 °C backen.

Etwas abkühlen lassen und dann auftragen.

SAHNEPILZPFANNE

FÜR 1 PERSON(EN)

1 kleine Zwiebel
200–300 g frische Pilze, z.B. Austernseitlinge
oder Schopftintlinge
2 El Butter
300 ml Sahne
¹/₂ El Butter oder Margarine
¹/₂ El Weizenmehl
Salz
Pfeffer
¹/₂ Tl Kerbel
Gehackte Petersilie

Zwiebel schälen und fein hacken. Pilze putzen und schneiden.
Fett in einer Pfanne erhitzen und die Zwiebel leicht anbraten. Pilze sowie etwas Sahne zugeben und solange schmoren, bis alle Flüssigkeit verkocht ist. Die restliche Sahne aufgießen. Butter mit dem Mehl verrühren und damit die Soße binden. Mit Salz, Pfeffer und Kerbel würzen und feingewiegte Petersilie darüber steuen.
Zu den Pilzen getoastetes Brot reichen.
Gekochter Schinken schmeckt dazu ebenfalls ausgezeichnet.

REIBEKUCHEN MIT SCHNITTLAUCH

FÜR 4 PERSONEN

750 g Kartoffeln, festkochend
4 El Schnittlauch, in Röllchen geschnitten
1 Tl Salz
Schwarzer Pfeffer aus der Mühle
1 El Grieß
1 El Pflanzenöl oder
40 g Butterschmalz

Gewaschene Kartoffeln schälen und grob reiben. In einem sauberen Küchentuch nur ganz leicht ausdrücken und mit Schnittlauch, Salz, Pfeffer und Grieß vermischen. Butter oder Öl in einer großen Pfanne erhitzen. Für jeden Reibekuchen 2 El von dem Teig hineingeben und möglichst flach auseinander drücken. Jede Seite goldbraun braten und sofort servieren.
Als Vorspeise gereicht, schmeckt zu diesem Reibekuchen kühle Crème fraîche besonders gut.
Die Reibekuchen sind auch als Beilage zu kurz gebratenem Fleisch und Wildbraten sehr köstlich.

BROT, KUCHEN UND GEBÄCK

KÖSTLICHES AUS DEM BACKOFEN

Das Brot wird in verschiedenen Varianten angeboten. Dunkelbraune Brotlaibe aus Sauerteig, gewürzt mit Anis, Fenchel, Piment und Zimt schmecken wunderbar zu süß salzer ungesäuerte Teigen Mundbrot ein Fladenbrot, schmeckt hervorragend, wenn es frisch aus dem Ofen kommt.

Der Apfel-Ananas Kuchen mit seinen köstlichen Streuseln zergeht auf der Zunge. Und das lustige Hefegebäck, das mit Zucker und Zimt gefüllt zum nachmittaglichen Kaffee gereicht wird, ist einfach ein Hochgenuss

LIMPA-BROT

FÜR 1 LAIB BROT

300 ml Wasser
1 El Kümmel
1 El Fenchelsamen
1 ½ El Orangenschale, gerieben
75 g brauner Zucker
1 Würfel Hefe oder
15 g Trockenhefe
500 g Weizenmehl
2 Tl Salz
300 ml Milch
250 g Roggenmehl, Menge eventuell anpassen

Wasser aufkochen und über Kümmel, Fenchelsamen Orangenschale, Zucker und Hefe gießen. Abkühlen lassen, bis die Zutaten lauwarm sind. Hefe mit Weizenmehl und Salz verrühren. In diese Mischung Wasser und Milch geben und verrühren. Genügend Roggenmehl beifügen, um einen relativ zähen Teig zu erhalten.

Den Teig etwa 10 Minuten auf einer bemehlten Fläche gut durchkneten, bis er ganz elastisch ist. Anschließend den Teig in eine leicht geölte Schüssel legen und mit einem Tuch bedecken. Etwa 2 Stunden zur doppelten Größe aufgehen lassen. Dann den Teig herausnehmen und zu runden Laiben formen. Auf ein geöltes Backblech legen, zudecken und nochmals etwa 1 Stunde aufgehen lassen.

In vorgeheiztem Ofen bei 180 °C ca. 35–40 Minuten backen.

APFEL-ANANAS-KUCHEN

FÜR 16 PORTIONEN

Für den Teig:
120 g Butter oder Margarine
120 g Zucker
1 P. Vanillinzucker
Salz
Schale von 1 unbehandelter Zitrone
2 Eier
200 g Mehl
150 g Maizena
2 gestr. Tl Backpulver

Für die Füllung:
600 g Äpfel, in feine Spalten geschnitten
ca. 230 g Ananasscheiben,
in kleine Stücke geschnitten
15 g gehackte, geröstete Haselnüsse
15 g gewaschene Rosinen
1 gestr. Tl gemahlener Zimt

Für die Streusel:
120 g gemahlene Haselnüsse
25 g Maizena
35 g Zucker
1 gestr. Tl. gemahlenen Zimt
60 g flüssige Butter
Etwas Puderzucker zum Bestäuben

Weiches Fett, Zucker, Vanillinzucker, Salz, abgeriebene Zitronenschale und Eier in eine Rührschüssel geben und mit dem Handrührgerät schaumig schlagen.

Das mit Maizena und Backpulver vermischte Mehl unterrühren. Nun $^{3}/_{4}$ des Teigs auf dem gefetteten Boden einer Springform ausrollen. Den restlichen Teig zu einer Rolle formen und ca. 3 cm hoch an den Rand der Springform drücken.

Äpfel und Ananas mit Rosinen, Nüssen und Zimt vermengen. Die Apfelmischung in die Springform geben.

Für die Streusel alle Zutaten vermischen, mit den Händen zu Streuseln zerreiben und gleichmäßig auf die Apfelmasse verteilen.

Bei 170–190 C° auf der ersten Schiebeleiste von unten u. ca . 1 Stunde goldbraun backen.

Das abgekühlte Gebäck mit Puderzucker bestäuben.

MANDELCREME

FÜR 16 PORTIONEN

Für den Boden:
8 Eiweiß
200 g gemahlene Mandeln
220 g Zucker

Für die Creme:
225 g Butter
35 g Speisestärke
250 g Zucker
8 Eigelb

Zum Bestreuen:
75 g Mandelblättchen
Sahne oder Puderzucker nach Belieben

Das Eiweiß steif schlagen. Jeweils die Hälfte der Mandeln und des Zuckers mischen und anschließend portionsweise unter den Eischnee heben.

Eine Springform am Boden mit Backpapier auslegen. Aus der Teigmasse zwei gleichgroße Böden backen. Im vorgeheizten Backofen bei 200°C 18-20 Minuten backen und danach aus der Form nehmen.

Die Mandelblättchen in einer Pfanne goldgelb rösten und auskühlen lassen. Nun die Butter im Wasserbad schmelzen (nicht zu heiß werden lassen). Zucker, Speisestärke und Eigelb unterrühren. Die Masse mit den Schneebesen des Handrührgeräts bei milder Hitze 20-25 Minuten aufschlagen, bis die Creme dicklich wird. Ein Drittel der Creme sofort auf einen Boden streichen. Den zweiten Boden darauf setzen und die Torte schnell mit der restlichen Creme einstreichen und mit Mandeln bestreuen.

Eventuell mit Puderzucker und Sahnehäubchen verzieren.

MARZIPANTORTE À LA SVENJA

FÜR 16 STÜCK

200 g Marzipan-Rohmasse
6 Eier
250 g weiche Butter
250 g Zucker
6 Tropfen Bittermandelaroma
300 g Mehl
2 Tl Backpulver
3 El Orangenmarmelade
1 ausgerollte Marzipandecke
(400 g, Fertigprodukt)
Fett für die Form

Den Backofen auf 180 °C vorheizen. Eine Springform (20 cm Ø) einfetten und die Marzipan-Rohmasse klein schneiden.

Die Eier mit Butter, Zucker, Bittermandelaroma und Marzipan-Rohmasse schaumig rühren. Mehl und Backpulver zügig untermischen. Den Teig in die Form füllen und im Backofen 45 Minuten backen. Anschließend abkühlen lassen.

Den Kuchen mit der Marmelade bestreichen und mit der Marzipandecke umhüllen. Nach Belieben mit Marzipan, Marzipanfiguren oder Pralinen dekorieren.

SCHWEDISCHER PFEFFERKUCHEN

FÜR CA. 150 STÜCK

125 g Rübensirup
300 g brauner Zucker
200 g Butter oder Margarine
2 kleine Eier
1 Tl gemahlene Nelken
1 Tl gemahlener Pomeranzenschale
1/2 Tl Zimtpulver
800 g Weizenmehl

Rübensirup aufkochen und mit Zucker und Butter verrühren, bis die Masse erkaltet ist. Dann Eier und Gewürze unterziehen.

Das in etwas kaltem Wasser gelöste Bikarbonat dazugeben. Anschließend den größten Teil des Mehls unterrühren. Den Teig gut durchkneten und über Nacht ruhen lassen.

Am nächsten Tag den Teig ausrollen und mit verschiedenen Teigformen Figuren ausstechen. Diese auf einem gut gefettetem Backblech bzw. auf Backpapier auslegen. Auf mittlerer Schiene bei 200 C° ca. 8 Minuten backen.

SOMMERTORTE

Butter, Zucker, Eigelb, Mehl, Backpulver, Milch und Zitronenschale zu einem Teig rühren.

Eiweiß zu Eischnee verarbeiten und restlichen Zucker, Vanillezucker sowie Mandeln unterheben. Nun eine Backform einfetten und die Hälfte des Teigs hineingeben. Darauf die Hälfte des geschlagenen Eiweiß verteilen. Bei 180 °C 20 Minuten backen. Aus der Form nehmen und den restlichen Teig und das Eiweiß zu einem zweiten Boden verarbeiten. Ebenfalls bei 180 °C 20 Minuten backen.

Den ersten Boden mit Vanillepudding bestreichen, danach den zweiten Boden darauflegen.

Marzipan auf einer mit Puderzucker bestäubten Fläche zu einer dünnen Schicht ausrollen und diese anschließend auf die Torte legen.

Kuvertüre im Wasserbad schmelzen, in einen Spritzbeutel geben. Die Torte damit verzieren.

SCHWEDISCHE WAFFELN

Butter schmelzen und abkühlen lassen. Wasser und Mehl zu einem glatten Teig verrühren. Anschließend die Sahne steif schlagen und mit Butter zum Teig rühren.

Im vorgeheizten Waffeleisen esslöffelweise ausbacken.

Die Waffeln werden heiß mit Marmelade und Schlagsahne serviert.

APFELTORTE MIT HONIG

FÜR 16 STÜCK

80 g Butter
2 Eier
140 g Honig
Schale von 1 Zitrone
50 g Maismehl
1 Tl Backpulver
100 g Weizen, fein gemahlen

Für den Belag:
500 g säuerliche Äpfel
30 g Butter
50 g Honig
1 El Sahne
2 El Rum
½ Tl Zimt
80 g Walnüsse

Die Butter bei milder Hitze schmelzen und abkühlen lassen. Eier mit Honig schaumig rühren. Zitronenschale, Maismehl, Butter und das mit dem Backpulver gemischte Weizenmehl unterrühren. Eine Tortenform einfetten, an schließend den Teig darin verstreichen und 20 Minuten ruhen lassen.

Inzwischen Äpfel schälen und je nach Größe vierteln oder achteln. Das Kerngehäuse entfernen und die Äpfel kranzförmig auf den Teig legen. Butter bei milder Hitze schmelzen und vom Herd nehmen.

Nun Honig, Sahne, Rum und Zimt damit verrühren. Nüsse grob hacken und mit einrühren. Die Honig-Nuss-Mischung mit einem Teelöffel so auf dem Kuchen verteilen, dass die Äpfel stellenweise noch zu sehen sind. Die Torte auf der zweiten Leiste von unten in den kalten Backofen schieben und bei 200 °C etwa 30 Minuten backen.

Vor dem Anschneiden 1-2 Tage ziehen lassen.

APFELKUCHEN VOM BLECH

FÜR 16 STÜCK

Für den Teig:
4 Eier
350 g Zucker
120 g Butter
125 ml Milch
300 g Mehl
3 gestr. Tl Backpulver
3–4 mürbe Äpfel

Zum Bestreuen:
2 El Zucker
1 Tl Zimt
75 g gehackte Mandeln

Eier und Zucker schaumig schlagen. Butter und Milch zusammen bis kurz vor dem Kochen erhitzen und unter Rühren zur Eimasse geben. Das Mehl und Backpulver vermischen und unterheben. Die Äpfel schälen, grob raspeln und ebenfalls unterheben. Den Teig auf einem gefettetem Blech verteilen.

Zucker- und Zimtgemisch gemeinsam mit den Mandeln auf den Teig streuen.

Bei 200 °C auf mittlerer Schiene 20 Minuten backen.

Anregungen: Man braucht die Äpfel nicht unbedingt zu raspeln, sollte aber etwas kleinere Stückchen als Achtel schneiden.

Der Kuchen lässt sich einfach variieren, indem man statt Äpfeln Kirschen unter den Teig hebt oder Rhabarber verwenden.

GLÜCKSBRINGER-KEKSE

Mehl mit Hefe vermischen und anschließend mit den restlichen Teigzutaten verkneten. Den Teig 30 Minuten gehen lassen und ca. 3 cm dick ausrollen.
Teig mit verschiedenen Formen (Kleeblatt, Schweine usw.) ausstechen, mit einem verquirltem Ei bestreichen und anschließend die Kürbiskerne sowie die in Hälften geschnittenen Belegkirschen als Verzierung verwenden.
Im vorgeheizten Backofen bei 175 °C rund 15-20 Minuten backen.

APFELKUCHEN FRANZÖSISCHE ART

Alle Zutaten zu einem Mürbeteig verkneten. Zwei Drittel des Teiges 1/2 cm dick ausrollen und 1 Springform (28 cm Ø) damit auslegen. Den Teigrest zu einer Rolle verarbeiten und am Springformrand hochdrücken. Anschließend den Boden 10 Minuten bei 200 °C vorbacken.
Die geschnittenen Äpfel mit Zitronensaft beträufeln und auf dem Kuchenboden verteilen. Das Eiweiß mit dem Puderzucker steif schlagen und auf den Äpfeln verteilen.
Nun die Form noch einmal 10-15 Minuten in den Ofen stellen, bis die Haube eine bräunliche Farbe angenommen hat.

TOSCA-KUCHEN

2 große Eier
125 g Zucker
100 g Mehl vermischt mit
1 ½ Teelöffeln Backpulver und
1 Prise Salz
50 g Butter, geschmolzen

Belag:
100 g weiche Butter
125 g abgezogene Mandeln, leicht geröstet
und grob gehackt
100 g Zucker
2 El Mehl
2 El Sahne oder Milch

Den Boden und die Seiten einer Backform (20 cm Ø) einfetten.

Eier schlagen bis sie cremig sind, dann sanft den Zucker unterschlagen, bis die Mixtur steif ist und streifig aussieht. Mehl und abgekühlte geschmolzene Butter unterheben.

In der Form bei 170 °C 30 Minuten lang backen. Unterdessen die Zutaten für den Belag miteinander vermengen und unter ständigem Rühren erhitzen.

Den Kuchenboden aus dem Ofen nehmen und die Mandelmasse darauf verstreichen.

Anschließend unter einen mittelheißen Grill stellen, bis der Kuchen oben goldbraun geworden ist. Dabei aufpassen, dass die Seiten des Gebäcks nicht anbrennen.

Die Form sollte nun für 2 Stunden auf einer Unterlage abkühlen, bevor Sie den Kuchen herausnehmen.

WEICHER PFEFFERKUCHEN

100 g Butter oder Margarine
175 g Zucker
3 Eier
250 g Weizenmehl
2 Tl Backpulver
1 Tl Zimt
1 Tl Nelkenpulver
1 Tl Ingwerpulver
200 g süße oder saure Sahne
2 El Orangenmarmelade
10 –15 geriebene Mandeln

Butter, Zucker und Eier schaumig rühren. Mehl und trockene Gewürze miteinander vermischen und anschließend mit der schaumig gerührten Masse vermengen. Orangenmarmelade sowie Mandeln zum Schluß darunter rühren.

Den Teig in eine gefettete Kastenform füllen und bei 150 °C 1 Stunde backen lassen.

TÜNNBRÖD

125 ml Wasser
50 g Butter, geschmolzen
200 g Weizenmehl
Etwas Salz

Alle Zutaten vermischen und daraus einen Teig kneten. Die Masse anschließend zu einer Rolle formen und etwas abkühlen lassen. Die Rolle in Scheiben schneiden und jede Scheibe so lange ausrollen, bis sie sehr dünn ist.

Eine Bratpfanne auf mittlerer Hitze erwärmen und die dünnen Teigblätter ohne Öl backen.

Wenn die Blasen zu groß werden, wenden oder die Blasen ausstechen, sobald auf der Unterseite dunkle Flecken erscheinen. Nachdem sie auf beiden Seiten gebacken sind, sollten sie knusprig sein.

Das Tünnbröd schmeckt gut zu geräuchertem Fisch, wenn es mit Salz und Pfeffer gewürzt wird.

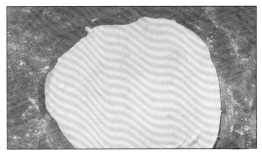
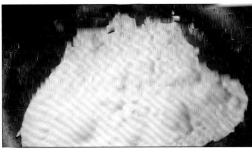
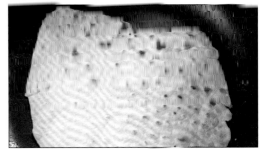

DESSERTS

DER SÜSSE GENUSS

Diese Desserts müssen Sie einfach probieren! Insbesondere die luftige Erdbeercreme, die nicht nur lecker, sondern auch kalorienarm ist. Den Rhabarberkuchen, der fast wie ein Auflauf zubereitet und mit lauwarmer Vanillesoße serviert wird, sollten Sie unbedingt in Ihr Kochrepertoire aufnehmen. Diese Desserts sind so schnell zubereitet, dass es auch für den ungeübten Koch keine Schwierigkeiten bei der Zubereitung gibt.

PREISELBEERPARFAIT

FÜR 10 PORTIONEN

3 Eigelb
60 g Zucker
300 g frische oder gefrorene Preiselbeeren
100 ml Schlagsahne

Die frischen Beeren waschen und verlesen, Feinfrostbeeren auftauen.
Eigelb mit Zucker schaumig schlagen. Beeren pürieren oder mit einem Holzlöffel oder Stampfer zerdrücken. Das Preiselbeerpüree unter den Eischaum heben.

Die Schlagsahne steif schlagen, unter kräftigem Schlagen zum Beerenpüree dazugießen und abkühlen lassen.

Die Mischung in eine Schale füllen und möglichst über Nacht im Gefrierschrank fest werden lassen.

Das Parfait 15-30 Minuten antauen, bevor es auf eine Platte gestürzt wird.

HAGEBUTTENSÜPPCHEN

FÜR 6 PERSONEN

ca. 150 g getrocknete Hagebutten ohne Kern
oder 200–250 g ganze getrocknete Hagebutten
1½ l Wasser
60 g Zucker
1½ El Kartoffelmehl

Ganze Hagebutten zerstoßen und eventuell einige Stunden in Wasser einweichen, dann 20-30 Minuten im selben Wasser weich kochen. Die Hagebutten durch ein Sieb passieren und falls notwendig bis auf 1½ l mit Wasser auffüllen. Zucker zugeben und aufkochen lassen. Anschließend Kartoffelmehl unterrühren, wieder aufkochen und danach abkühlen lassen.

Mit Zwieback, einem Löffel Vanilleeis oder einem Klecks Schlagsahne servieren.

RHABARBERKUCHEN MIT MANDELN

FÜR 16 STÜCK

500 g Rhabarber
1 El Vanillinzucker
100 g weiche Butter
6 El Zucker
2 Eier
1 Tl abgeriebene Orangenschale
100 g Mehl
1 Msp. Backpulver
50 g gemahlene Mandeln
50 g Mandelblättchen
2 El Puderzucker
Fett für die Form

Den Rhabarber waschen, entfädeln oder schälen. In ca. 1 cm große Stücke schneiden. Rhabarber mit Vanillinzucker bestreuen und für 20 Minuten beiseite stellen. Danach durch ein Sieb gießen und den ausgetretenen Saft auffangen. Die Butter mit Zucker, Eiern, 1 El Rhabarbersaft sowie Orangenschale vermischen und cremig rühren. Das Mehl mit Backpulver und den gemahlenen Mandeln mischen, zur Masse geben und unterrühren.

Die Backform (24 cm Ø) einfetten und den Backofen auf 180 °C vorheizen (Umluft 160 °C). Teig einfüllen und den Rhabarber darauf verteilen. Die Mandelblättchen mit dem Puderzucker vermischen und über den Kuchen streuen. Den Kuchen ca. 45 Minuten backen.

Mit warmer Vanillesoße servieren.

ERDBEERCREME

FÜR 4 PERSONEN

500 g frische Erdbeeren
0,2 l Johannissaft
4 El Zucker
2 El Speisestärke

Die Beeren gut waschen, halbieren und mit Saft und Zucker vermischen. Mit dem Stabmixer pürieren. Die Speisestärke in etwas Wasser anrühren und unter die Erdbeermasse ziehen. Das Püree in einen Topf füllen und auf kleiner Flamme erhitzen. Einmal aufkochen und gleich in Glasschälchen füllen. Im Kühlschrank fest werden lassen und mit einem Sahnetupfen servieren.

MANDELPUDDING MIT BEEREN

80 g Mandeln, geschält
15 g Weizenmehl
15 g Butter
400 ml Milch
15 g Maisstärke
2 Eier
60 g Zucker
3 Tropfen Bittermandelaroma

Für die Beerengarnierung:
800 ml Wasser
80 g Zucker
400 g Beeren, gemischt
20 g Maisstärke

Zum Garnieren:
20 g Mandeln

Die Mandeln fein reiben oder fein mahlen. Mehl in Butter kurz andünsten, mit Milch ablöschen und zu einer glatten Soße verrühren. Mandeln mit Maisstärke, Eiern und Zucker vermengen, zur Milchmasse geben und unter Rühren einmal kurz aufkochen lassen und das Mandelaroma beigeben.

Eine Puddingform kalt ausspülen, die Mandelspeise hineingießen, 3–4 Stunden kühl stellen und erstarren lassen.

Für die Beerengarnitur Wasser mit Zucker aufkochen, Beeren zugeben und 1–2 Minuten kochen lassen. Maisstärke mit etwas kaltem Wasser anrühren, hinzufügen und aufkochen lassen. Die Garnierung in einer Schüssel anrichten. Vor dem Servieren den Pudding auf eine Platte stürzen, mit einigen Mandeln garnieren und die Beerengarnitur dazureichen.

REIS A LA MALTE

FÜR 4 PERSONEN

130 g Langkornreis
Wasser
Salz
200 ml Schlagsahne
1–2 El Zucker
2–3 Tl Vanillinzucker

Den Reis unter kaltem Wasser abspülen, gut abtropfen lassen und wie auf der Verpackung angegeben kochen.

Die Sahne mit Zucker und Vanillinzucker steif schlagen und unter den Reis heben. Die Masse in eine große Schüssel füllen und kalt stellen. Der Reis wird kalt mit pürierten frischen Beeren, Konfitüre, Kompott oder einer Saftsoße serviert.

APFEL-ZIMT-GELEE

ca. 800 ml naturtrüber Apfelsaft
1 kg Gelierzucker
1 Msp. Zimt

Alle Zutaten zusammen in einem hohen Topf erhitzen und gelieren lassen (eine Anleitung dazu findet sich auf der Gelierzucker-Packung). Das Gelee sofort (noch heiß!) vorsichtig in saubere Marmeladengläser füllen und fest verschließen. Das Gelee lässt sich gut lagern und ist ein leckeres Geschenk!

GLOSSAR

VON A BIS Z

Aspik
Kalter Fleisch-, Fisch- oder Gemüse... umhüllt von einer klaren Geleeschicht

Anchovis
Kleinfisch der Heringsfamilie. Filetiert, in Salzlake oder Öl eingelegt. Hat einen sehr hohen Omega-3-Fettsäureanteil. Das wirkt sich günstig auf Gefäßerkrankungen aus.

Bauernsoße
Eine aus Milch und Zwiebeln gekochte Soße. Wird zu gebratenem Hering oder gepökeltem Schweinefleisch serviert.

Dörren
Durch Dehydrieren (Wasserentzug) haltbar gemachte Lebensmittel. Die Urform der Lebensmittelkonservierung.

Elch
Größter und schwerster aller Hirscharten. Elchkeule und Rücken der Tiere haben den klassischen Wildbretgeschmack. Das restliche Fleisch ist zu grobfaserig. Es eignet sich als Suppenfleisch oder zerkleinert als Fleischfüllung (Farce).

Frikadelle
Kleine aus Fisch-, Fleisch- oder Geflügelgehacktem bestehende Klopse. Können gebraten oder gekocht werden.

Gabelbissen
Kleine mundgerechte Stücke, meist vom Hering. Finden sich auf allen Smörgåsbord

Glaserhering
Ein mit Wurzelgemüse, Zwiebeln, Senf, Wacholderkörnern, Zucker und Essig süß/sauer eingelegter Hering.

Glögg
Typischer Weihnachtspunsch. Kardamom, Nelken, Piment, Zimt und Zitrusfrüchte werden mit Rotwein langsam erhitzt. Oftmals wird ein zusätzlicher Schuss Rum als „Eisbrecher" eingesetzt.

Graved Lachs
Roher Lachs, der durch Marinieren mit Salz, Zucker, Pfefferkörnern und frischem Dill, anschließend fest eingepackt für 48 Stunden im Kühlschrank zu einer Köstlichkeit reift. Wird mit Dill- oder Senfsoße serviert.

Husmanskost
Hausmannskost ist eine einfache, bodenständige, regional beeinflusste Küche.

Janssons Versuchung (Janssons Frestelse)
Das schwedische Nationalgericht. Es besteht aus Kartoffeln, Anchovis (Sardellen), Zwiebeln, Sahne, Semmelbröseln und verschieden Gewürzen. Es wird im Backofen gegart und schmeckt himmlisch.

Klippfisch
Bacalao auf skandinavisch. Besteht aus Kabeljau, der halbiert und ohne Kopf, stark eingesalzen, auf den Klippen in der frischen Seeluft getrocknet wird. Muss zum Verzehr bis zu 30 Stunden gewässert und eingeweicht werden. Lässt sich danach wunderbar als delikates Pfannengericht zubereiten.

Knäckebrot
Traditionell bestehend aus 90 % Roggenvollkornmehl und 10 % Brotmehl. Wird bei hoher Hitze kurz und schnell gebacken, getrocknet und in Pergamentpapier für lange Zeit haltbar verpackt. Nahezu fett- und wasserfrei.

Lake
Konservierende Flüssigkeit. Dient zur Haltbarmachung von Lebensmitteln. Besteht zum größten Teil aus in Wasser aufgelöstem Salz.

Matjeshering
Fetter junger, noch nicht laichfähiger Hering, der frisch gesalzen und ebenso frisch verspeist werden sollte.

Nässelssoppa
Köstliche Brennnesselsuppe. Wird aus den ersten frischen grünen Blättchen der Brennnessel im Frühling zubereitet.

Öl
Schwedisches Bier, das in drei Stärken angeboten wird. Lättöl, ein Schwachbier mit 1,8 Vol., Folköl mit 2,8 Vol. und Starköl das mit 4,2 Vol. genauso stark ist wie deutsches Bier.

Pökeln
Ein Verfahren zur Konservierung von Fleisch mit Salz. Bei der Nasspökelung wird Fleisch in eine bis zu 20 % Kochsalzlösung eingelegt und somit zum Kochpökelfleisch (gekochter Schinken, Kasseler usw.). Bei der Trockenpökelung wird Fleisch mit Kochsalz bestreut und somit zum Rohpökelfleisch (roher Schinken, Speck).

Remoulade
Eine mit Senf, gehackten Kapern und Sardellen verfeinerte Mayonnaise. Passt zu gebackenem Fisch oder zu kaltem Fleisch.

Rentier
Kleinwüchsige Hirschart. Hat mageres (9% Fett), nach Wild schmeckendes Fleisch. Der Eigengeschmack wird durch Marinieren in Rotwein mit Wacholderbeeren noch unterstrichen.

Sardelle
Siehe Anchovis

Strömling
Ostseehering, klein und besonders delikat

Tünnbröd
Weiches Fladenbrot. In Schweden überall erhältlich. Bei uns in Feinkostläden erhältlich.

Weihnachtsschinken
Kein Weihnachtsfest ohne den traditionellen JULSKINKA. Er muss wenigstens 2 kg schwer sein und im Backofen mit einer Kruste aus Senf und Semmelbrösel gebacken werden. Traditionell isst man Rotkohl und Kartoffeln zum Weihnachtsbraten.

FESTE FEIERN IN SCHWEDEN

Ostern

Zum Osterfest gibt es in Schweden ein Problem. Die Mutterschafe bekommen ihre Lämmer erst nach dem Osterfest. Damit man aber nicht auf den köstlichen Lammbraten zum Fest verzichten muss, haben die schlauen Schweden sich etwas Pfiffiges ausgedacht. Alle Schafe, die zu diesem Zeitpunkt noch nicht älter als 1 Jahr sind und noch nicht gelammt haben, gelten als Lamm.
Um die Osterzeit tauchen die ersten Heringsschwärme vor der Küste auf. Sie sind noch klein und besonders delikat. Man findet sie ebenfalls auf dem Osterbüfett.

Pfingsten

Mit dem Pfingstfest zieht der Frühsommer ins Land. Alles steht in leuchtendem Grün und verheißt den nahenden Sommer. Jetzt kommt die zarte Brennnesselsuppe auf den Tisch. Mit ihr hat man den Sommer auf der Zunge.

Mittsommer

Das Mittsommerfest wird einfach gefeiert. Es gibt Matjeshering mit kleinen Kartoffeln (Mandelpotatis), die in der Schale gekocht mit Dillrahm genossen werden. Und die frischen, süßen Erdbeeren mit Vanillesahne dürfen natürlich nicht vergessen werden.
Nun werden auch die Kühe wieder auf die Weiden gebracht. Das mit Kräutern durchsetzte Gras gibt der ersten Milch und Butter ein unglaubliches Aroma.

Luciafest

Das Luciafest läutet die Weihnachts-
zeit ein. An diesem Tag wird ein
Safrangebäck zum Kaffee gereicht.
Das berühmte Luciakatten oder
Safranbröd. Ein Hefegebäck, das mit
Safran und Rosinen verfeinert ist.

Weihnachten

Weihnachten ist das Fest des Schmau-
sens und Schlemmens. Ein wenigstens
2 Kilo schwerer Schinken kommt mit
einer Kruste aus Mehl und Ei auf
den Weihnachtstisch. Zum so
genannten Julschinken reicht man frischen Rotkohl und Klöße.

Julschinken (S. 75)

169

REGISTER

VON A BIS Z

NOTIZEN

NOTIZEN

NOTIZEN